零伤害

实用安全指南

如何有效管理
工作场所的安全

维恩·贺博森
实用科学硕士

practicalsafety.com.cn

由 The Value Organisation 有限公司在澳大利亚出版，地址
PO Box 414, Salamander Bay, NSW, Australia, 2317。

编辑：J L Arnold, M Ravenhall 与 P Smith。

封面照片: © jupiterimages 2008
封面设计: Goulburn Valley Printing Services
插图: Madelynne L Herbertson
内图设计: A Pobie of Pobie Design
译者: Chin Communications Pty Ltd

澳大利亚出版目录数据国家图书馆

作者: Herbertson, Wayne, 1961-

书名: 《零伤害实用安全指南：如何有效管理工作场所的安全》
        维恩·贺博森。
        The Practical Safety Guide to Zero Harm: How to
        Effectively Manage Safety in The Workplace / Wayne
        G Herbertson.

ISBN: 9780980530209 (hbk. English)
        9780980530216 (pbk. English)
        9780980530223 (pbk Chinese)

注释: 包括索引。
        参考文献。

主题: 工业安全——管理
        工业卫生——管理

杜威编号: 363.11

电邮查询: cip@nla.gov.au
电话: (02) 6262 1458

献辞

谨以此书献给在工作当中丧失宝贵生命的每一个人。

谨以此书献给不幸于 2007 年去世的好友耐维尔·汉德莱克 (Neville Handreck)。他的去世激励我完成了这本书。耐维尔·汉德莱克是一名模范工程师，是鼓舞我们所有人的榜样；他还是一位挚友、丈夫以及 3 个优秀子女的父亲。

谨以此书献给我的父母，他们给我机会学习；谨以此书献给我的妻儿，没有他们的支持，我根本无法完成这本书。

谨以此书献给我的同事，我相信安全管理会让大家充满热情，确保再也不会有人在工作过程中受到伤害。

谨以此书献给所有员工，请照顾好你们的同事。

practicalsafety.com.cn

目录

目录

目录

practicalsafety.com.cn

致谢

如果没有来自机构规划设计公司(Organizational Planning and Design Inc.)古斯塔夫森(P Gustavson)的机构设计教学以及来自应急管理规划有限公司(Emergency Management Planning Pty. Ltd.)阿诺德(J Arnold) 的支持和参与,本书就不可能完成。

practicalsafety.com.cn

前言

安全问题影响着我们生活中的方方面面。本书旨在为大家提供一些实用的安全指南，说明安全方面通常会遇到的一些问题。

本书还包含一些从我本人自身经验中总结得出的一些成功失败的故事范例。书中会介绍一些在实际工作中得出的安全实用知识，为负责安全管理的人士提供支持，特别是向学习安全专业的学生或者从事安全行业的新手提供一些帮助。对于需要基本安全知识的监督人员或管理人员而言，本书也是非常宝贵的指导材料。

本书从机构管理层面和工作场所角度讨论安全管理问题，让读者了解在高级管理层和工作场所层如何管理安全问题。书中还有各种不同流程图和说明资料，对需要考虑的一些问题加以说明。这些资料能指导读者考虑实用安全方面的一些要素。本书内容虽然涉及多国法律，但是在实施有关体系前，读者应参照当地的相关法律标准。

为便于读者更加容易地理解本书内容，我们在本书的编制过程中，采用的是对话风格，而非以学术、技术方式加以阐述。

practicalsafety.com.cn

1. 机构设计

1.1 简介

安全管理体系(SMS)需要与机构有机结合,融合为一体,这一点十分重要。如果安全管理体系的设计制定与机构管理体系中的其它部分分离,安全问题就不可能成功得到改善。为此,安全人员必须对其它机构体系及其结合点有基本的了解。为了帮助大家理解,我们在下面使用的是能够检查机构情况的框架。简单的框架图如以下图 1 所示。

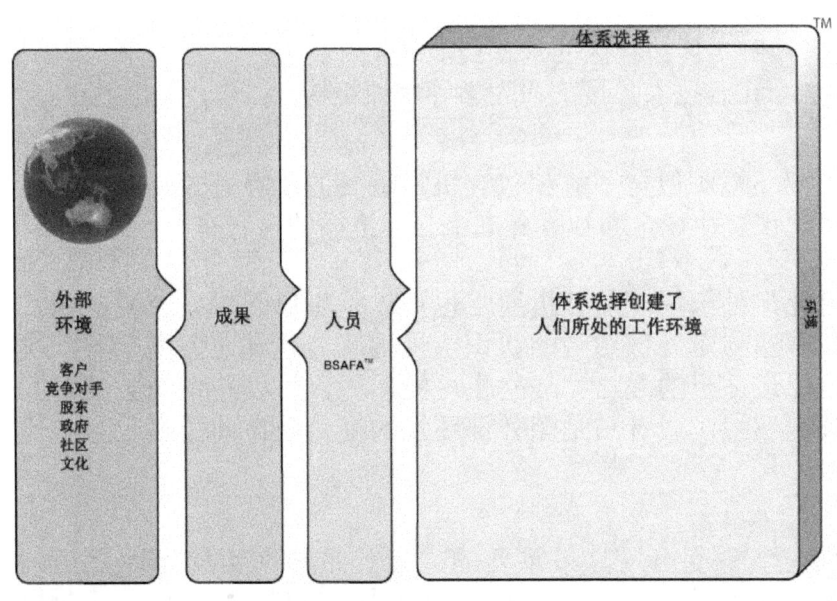

图 1 机构框架图。[7,8]

这个框架图可以用来帮助指导机构设计,从而推动安全管理体系的设计。对于这一过程,安全人员通常都不是非常了解机构设计的应用情况,因此我们会对机构设计详加讨论。我们先从外部环境的检查开始。

1.2 外部环境

对于任何机构设计方法，从分析外部环境开始着手都十分关键。这项分析对于获得以下各方面的了解至关重要：

1. 主流文化
2. 即将或已经建立机构/项目的社区
3. 当地法规要求
4. 监管机构
5. 员工代表机构
6. 雇主代表机构
7. 客户期望
8. 股东
9. 周边社区的基本技能
10. 技术、技工和大学等培训机构……

外部环境不但与了解和包容机构所处的世界有关，而且与清楚认识法律规定和社区标准中必须遵循的内容有关。

因此，外部环境的分析通常也可以是事后回想。经验证明，越早建立对外部影响的认识，机构就能越好地做出准备，决定出最适当的战略。战略也可能不同，可以是主动尝试影响外部环境，或者只是随外部环境的变化而被动做出应对或反应。

从安全角度出发，最重要的一点就是透彻了解当地立法政策、法律法规、工作守则、技术标准和其它标准、行业指导、监管机构的期望等。立法尤为重要，因为它规定了社会的最低期望。为避免产生不必要的问题和费用，尽早认识到此类法律与机构的相互关系很重要。作为一家公司，除了遵行这些法律，别无选择。但是，正如上文所述，还有另外一个选择，即是否愿意参与标准委员会、行业协会等类似机构，主动影响未来的立法。传统上来说，业界在这一方面做得不够好，但却对事情的发展结果有诸多牢骚。既然有意愿，就去参与。

政府也必须认识到立法有时所带来的影响，在某一国家中，不同的州、区域、省、地方等各级政府会针对同一行业制定不同的法律。这些影响对行业非常重大，但又没有什么必要，我们需要政府尽量减少这种不必要的复杂性，让行业能在和谐的监管框架和单一监管机构管理下，继续实施安全体系。

以最佳实践为基准，也为机构提供了非常宝贵的认识。我到不同行业访问，收集到很多非常好的想法。在我从业的早期阶段，每个月抽出一天时间访问一个工厂、矿区或办公室，这么做特别有帮助。拿起电话，安排事情并不那么困难，而且回报可能非常巨大。我发现很多人都非常乐意分享资料，特别是关于安全方面的资料。坐下来决定安全管理体系应该包含哪些内容时，有许多可用标准可为你指明正确的道路。

对各种不同公司和财产安全管理体系要素具备基本认识，这非常重要。内容参见表 1。这项评估为你们机构体系元素的设计，提供了非常重要的依据。很重要的一点就是，你们的体系设计选择，需要与你期望的成果和文化保持一致。许多机构所犯的一个共同错误，就是购买现成的体系，在没有开展相关调查或考虑的情况下，就实施该体系。这样做的代价通常非常昂贵，而且通常不会产生理想的结果。

我认为，这些体系可作为外部基准，可以在设计应用于你们机构的独立体系时使用，也可以由此激发你的想法。但是，如果某一体系明显属于别人的，就非常难以建立任何形式的所有感、归属感。发展体系要素，更多的要从机构自身需求以及所涉及的隐患性质为出发点来完成。

表1. 安全体系要素对比

AS4801¹ 24项要素		BS18001² 20项要素		SafetyMAP³ 12项因素
4.2	OHS 政策	4.2	OHS 政策	1. 建立并保持投入
4.3.1	规划危险识别、风险评估以及风险控制规划	4.3.1	隐患辨识、风险评估和风险控制规划	2. 文件战略
4.3.2	法律和其它要求	4.3.2	法律和其它要求	3. 设计及合同审查
4.3	规划	4.3	规划	4. 文件控制
4.3.4	目标	4.3.3	目标	5. 采购
4.3.3	OHS 管理计划	4.3.4	OHS 管理计划	6. 通过法律制度安全工作
4.4.1	结构和职责	4.4	实行和操作	7. 监控标准
4.4.1.1	资源	4.4.1	结构和职责	8. 操作并纠正差异
4.4.1.2	职责和义务	4.4.2	培训意识和能力	9. 管理活动和材料
4.4.2	培训和能力	4.4.3	咨询和沟通	10. 收集并利用数据
4.4.3	协商	4.4.4	文件编制	11. 审核并管理体系
4.4.3.1	协商	4.4.5	文件和数据控制	12. 培养技能和能力
4.4.3.2	沟通	4.4.6	操作控制	
4.4.3.3	报告	4.4.7	应急准备和响应	
4.4.4	文件和数据控制	4.5	检查和纠正措施	
4.4.5	文件控制	4.5.1	绩效衡量和监控	
4.4.6	隐患识别、风险评估和风险控制	4.5.2	事故、事件、不合格以及纠正和预防措施	
4.4.7	应急准备和响应	4.5.3	记录和记录管理	
4.5.1	监控和测量	4.5.4	审核	
4.5.2	事故、事件、不合格以及纠正和预防措施	4.6	管理审查	
4.5.3	记录和记录管理			
4.5.4	OHSMS 审核			
4.6	管理审查			

1.3　成果

多年以来，描述公司成果时，更多时候是指公司的财务业绩。随着三重底线报告的出现，随着环境和社区变得日益重要，我们对企业的理解现在已经发展到公司成果不再单指财务业绩方面的水平。金融股票市场通过成立道琼斯可持续发展指数，来利用这个新兴的发展趋势。有趣的是，这项新的衡量指标在财务上，要胜过传统的道琼斯指数，这说明，同时强调财务、环境和社区的公司，能够获得更好的总体业绩。而大型企业无法保护人员、财产以及环境问题吸引越来越多人的关注以后，企业道德也成为另一个新问题。这个问题又引出：安全应在何处配合业务成果的问题？

业务成果决定了机构的精髓所在及其目的和存续的理由。如果安全不属于机构期望成果的组成部分，则对安全人员和业务都会是一个实质问题。我经常使用的原则就是，机构必须"说到做到，安全行事"。对我来说，这可以概括为我们大家都在努力实现的目标，即"零伤害"。

这些成果超越了以往只是减少损失工时事故的旧目标。它描述了用人机构所希望的文化，这意味着用人机构希望将零伤害文化作为一项成果。这是机构在各个层面都不希望对个人、对社区、对我们所生活这个世界造成不利影响的意志和愿望的体现。

对于安全行业来说，这意味着需要了解如何才能影响和创造机构文化。首先，我们要从了解人员开始。

1.4　人员

机构中的每项成果都必须通过人员来实现。没有人，机构只不过是一个光有设 z 备和建筑物的空壳。人员与其周围环境的相互作用决定了工作场所的文化。

近年来，许多机构都对确定理想行为的重要性开展研究，这包括杜邦公司，最著名的是托马斯·克劳斯(Thomas Krause)[4,5] 和司各特·盖勒(Scott Geller)[6] 的研究。这已经引起一场"行为安全行动"。其实，我发现行为本身并不是答案所在；需要注意的是，不要过分强调安全的某一个方面，而以其它方面为代价。这需要我们采用一种平衡标准的方法。

人员的行为表现方式、感觉方式以及使用技能的方式，都将决定是否能够实现成果、决定实现成果的好坏和难易程度。例如，如果来工作的人，不喜欢与工作有关的任何事，即使他们具备完成工作的技能或身体素质，成果也难以实现。因此，在评估期望成果时，需要与人员的以下方面相联系：

1. **行为**　　　 - 实现成果所需的理想行为是什么

2. **技能**　　　 - 实现成果所需的资质、能力、知识有哪些

3. **态度**　　　 - 人的想法和动机

4. **感觉**　　　 - 哪方面的普通感觉会促进成果的实现

5. **素质**　　　 - 完成工作所需的身体素质有哪些(如有)

我将上述各项归纳定义为人员实现成果的"BSAFA™"要求。对于每一项期望成果，都必须仔细确定这些要求。例如，如果期望成果是零伤害，那么则需要确定理想的 BSAFA™ 要求，以实现这个成果。这些要求可能包括如表 2 所示的内容。

表 2：确定 BSAFA™的示例

BSAFA™'s	
B (行为)	能够面对同事 遵循程序 注意提高 互相关心等
S (技能)	能够辨识隐患 能够在可能性及后果方面评估风险 能够应用风险控制层次 知道逐级上报程序 了解工作相关的法律和标准 知道在哪里找到相关资料等
A (态度)	安全是核心价值观 对准目标等
F (感觉)	对在这里工作感到自豪 满足感 受到激励等
A (素质)	平均健康水平 拥有最佳视力 无色盲 身体无残障等

这个列表并不详尽，这只是一个过程示例。在机构的宏观层面，可能会更广泛地确定这些要求。在确定 BSAFA™ 时，很重要的一点就是要有适合的人员参与，以达到最佳的成果；通常至少应包括整个管理团队的参与。这也意味着需要搁置机构需求的当前状态；这种做法是利用完全开放的思

维，来看待未来的状态。至于过渡到未来这个状态，将留待以后处理。

在工作场所层面，应针对工作任务专门确定 BSAFA™。与宏观层面确定不同的是，这些特定任务的 BSAFA™要求，需要我们认真评估和研究，以期达到理想的结果。这个问题将在 2.4 中详细讨论。从现在起，我将集中在机构宏观层面加以讨论，让大家获得对基本设计过程的了解。

一旦为每个期望成果确定了 BSAFA™要求，设计过程可以通过从 BSAFA™中制定设计原则开始。最容易的方式就是通过提出问题，"我的人员将在(什么情况下)......(插入 BSAFA™)......? "就比如上述表 1 的"能够辨识隐患"，问题可以是"我的人员将能够在(什么情况下)......辨识隐患？"答案可以是：

    a. 他们知道隐患是什么时；
    b. 他们参与隐患辨识、风险评估以及风险过程控制时；
    c. 他们这样做得到认可时；
    d. 这样做可以接受时；
    e. 具有报告隐患的过程时等。

这些问题的答案为机构提供了有助于确定该机构设计选择的价值观和原则完整清单。但是在使用之前，必须检查这些价值观和原则的一致性，即他们是否能全部互相支持？如果在这个阶段，基本的价值观和原则不相一致，就不能使用他们做重要的设计选择。使用"一致性表"，通常对促进这个过程非常有帮助。参见表 3。

表 3：BSAFA™ 一致性表

期望成果	BSAFA™	价值观/原则 (我的人员将在(什么情况下)......插入 BSAFA™)	? 冲突
零伤害	1. 能够辨识隐患	a. 他们知道隐患是什么时； b. 参与隐患辨识、风险评估以及风险过程控制时； c. 他们被认可这样做时； d. 这样做可被接受时； e. 具有报告隐患的过程时； f. 在控制方面有钱可用时； g. 等等	 2 c.
利润最大化	2. 将成本降至最低	a. 批准预算 b. 透明报告 c. 对未超预算的奖励 d. 等等	1f.

从表 3 的示例中，可以看出希望花钱执行安全控制与未超预算的个人奖励之间存在潜在冲突。这项冲突要求在价值观/原则成果方面的其中一个或两个方面，都做出调整，确保一致。还有可能导致制定一项新的价值观/原则。

该价值观/原则清单并不详尽，它可以修订，特别是如果未实现期望结果时，记住这一点很重要。如果发生这种情况，则必须采取重新调整实践。

很明显，一套清晰的价值观/原则现在已经制定完毕，可以供管理团队在做设计选择时考虑。这些设计选择需要支持人员方面的理想 BSAFA™，而且这与实现期望业务成果有关。

通过采用这种做法，机构已经为期望的未来状态确定了一整套价值观和原则。另外，通过审查已经制定完成的价值观、原则清单，我们还有可能为机构提取出一些核心价值观、原则。

1.5　　体系选择

管理层的角色就是做出选择，实现期望的业务成果。其中一些选择与机构体系的设计有关，机构体系能够创造工作的环境。这些选择不仅对于确定部署什么样的体系十分关键，同时也对确定由于这些选择而发展出什么样的文化十分关键。人们经常拘泥于已经过时的体系或者是实际上让实现成果变得更困难的体系中。

在上述一节中，我们讨论了设计价值观和原则的必要性、讨论了如何确定价值观和原则等问题。接下来，我们需要使用这些价值观和原则作为指导，做出一些机构设计选择。让我们回顾一下我们使用的示例。表 4 中显示了期望成果、BSAFA™以及由此所产生对设计选择有帮助的价值观、原则。

做出设计选择时，必须有适当的人员参与。人员应包括管理团队、必要的专家以及其他相关人员。根据所做出的选择不同，这些设计团队在数量和人员构成方面，也会有所不同。重要的是要保持灵活，愿意接受各种意见。在示例中，设计选择仅与一项成果有关，即零伤害。必须认识到，在一个机构背景中，可以做出的设计选择有多个；而且还有可能针对一个原则、价值做出多个设计选择，这一点很重要。为确保不存在任何潜在冲突，需要对所有提议选择进行一致性调整。

表 4: BSAFA™设计选择表

期望成果	BSAFA™	价值观/原则 (我的人员将在 (什么情况下)......插入 BSAFA™)	设计选择
零伤害	1. 能够辨识隐患 等等	a. 他们知道隐患是什么时;	i. 所有人员的隐患辨识和风险控制培训。
			ii. 张贴清晰标识和标志的区域。
		b. 参与隐患辨识过程时;	iii. 由各级人员协商参与的普通隐患辨识过程。
		c. 他们被认可这样做时;	iv. 隐患辨识和风险控制被纳入奖励计划中。
		d. 这样做可以接受时;	v. 隐患辨识和风险控制建议计划
		e. 有报告隐患的过程时	vi. 标准的隐患报告体系、形式
		f. 有安全预算时	vii. 包含在一般帐目中用来提供预算和跟踪费用的安全预算

一旦所有选择都已确定，就需要把注意力转向受影响的机构体系。执行这个实践时，机构模型通常非常有用。图 2 中所示的模型，是我在过去几年使用不同来源编制的。[7,8] 需要注意的重要一点就是，管理层做出的设计选择，能够创造执行

工作的环境。安全是机构中不可分割的组成部分，因此不能孤立地看，必须作为整个机构体系的组成部分。

这个模型一共显示了三个主要体系选择，即统一、区分、更新体系选择。在后面章节中，我们将对这些体系选择展开详细讨论。

1.5.1　统一体系选择

集成体系是指将机构联系在一起的那些元素，可以决定机构的核心竞争力并设定机构的发展方向。集成体系具有 3 个要素：

1. 愿景
2. 价值观和原则
3. 使命

愿景说明的是机构存续的根本原因，而使命描述的是机构希望如何达到这个愿景。这些要素通常都是由管理层设定，安全人员的参与可能十分有限。但是，这并不妨碍安全人员在与管理团队商议之后，制定出安全愿景和使命。经常的情况是，安全人员并不知道他们努力实现的成果是什么，更有甚者，他们的安全愿景得不到管理层的支持。

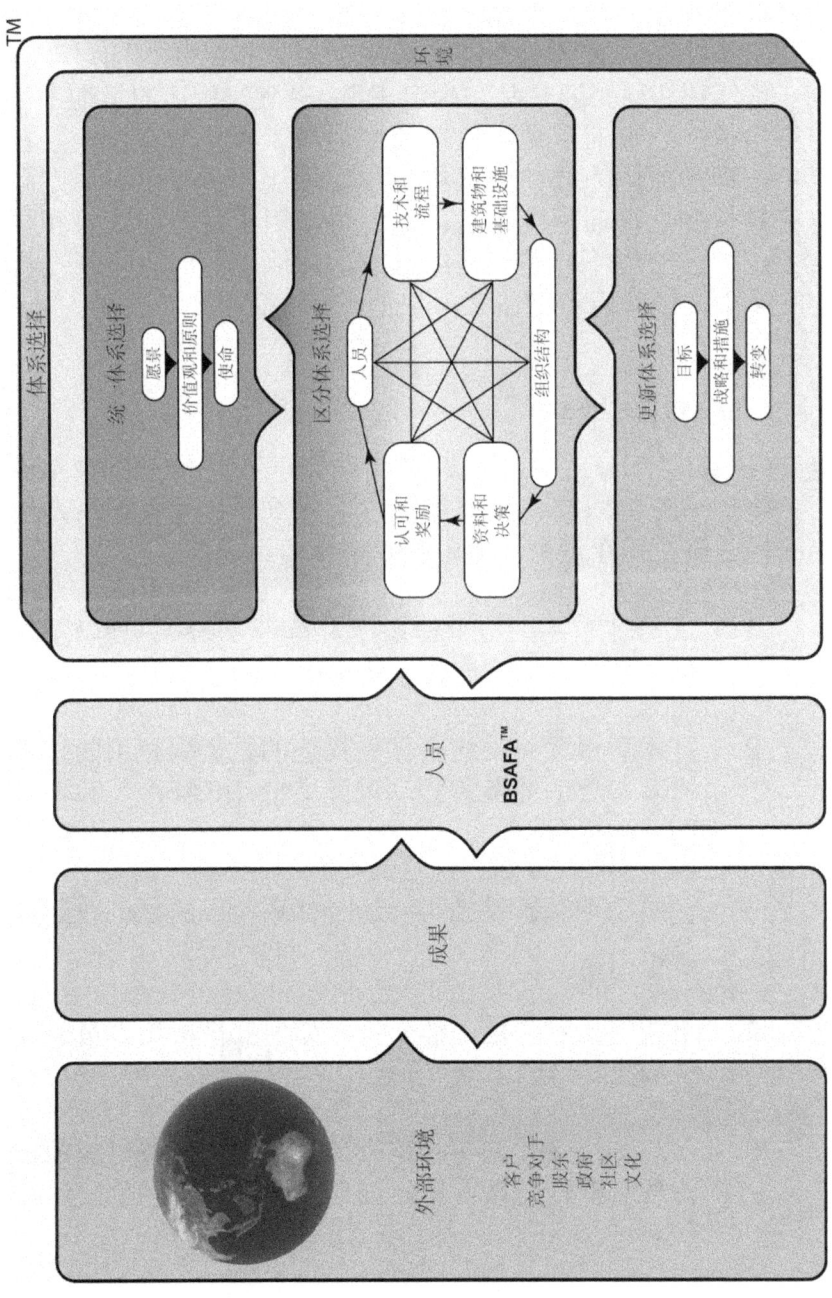

图 2 显示体系的机构模型

没有愿景和使命，就如同罗盘没有指针一样。我们需要有期望的未来状态，否则就不能详细规划到达未来状态的过渡计划。价值观和原则通常是在确定 BSAFA™时所述的早期工作中得出的，它们对于做出决策和培训员工都十分有价值。在以价值观和原则为导向的机构中，管理层和员工已将原则和价值具体到这样的程度，即：他们将其用于每日的决策和日常工作中。它们不只是写在纸上或贴在墙上，而且体现在机构文化中。这些内容将在 2.4 中进一步讨论。

1.5.2 区分体系选择

确定 BSAFA™、统一体系、设计选择这些背景工作在完成后，将这些选择归类到区分体系中十分重要；区分体系是机构的核心所在。在这个体系中有 6 个重要组成部分。

1. 人员体系——这个体系涉及检查 BSAFA™以及如何招募、引导、同化、培训人员。

2. 技术和流程——这个体系描述的是需要利用的技术以及必要的业务流程，以此支持 BSAFA™ 和期望的业务成果。

3. 建筑物和基础设施——这个体系检查的是必要的设施。

4. 机构结构——这个体系决定如何安排机构人员来实现成果。

5. 信息和决策体系——这个体系决定如何做出决策、需要哪些信息做决策、如何捕获、储存和分发这些信息。

6. 认可和奖励——这个体系检查人员如何以正式和非正式的方式获得奖励。

如果我们采用第 23 页表 4 的设计选择，那么知道什么机构体系可能会受到影响就很重要。这样，我们就能针对体系设计要素详细规划。这可以按表 5 所示完成。

结果是支持 BSAFA™ 的体系已经设计好。填写行动表时，能够清楚显示已经做出的决策对体系的影响。同时，它也证明在安全领域安全人员不能孤立地工作；文化整合和应用过程同等重要。

表5. 设计选择行动摘要表

受影响的区分体系	设计选择	责任人	到期日
人员	所有人员的隐患辨识、风险评估和控制培训	Joe	01/02/08
技术和流程	普通的隐患辨识流程 标准的隐患报告体系/表	Fred Fred	13/02/08 13/02/08
建筑物和基础设施	区域上加喊清晰的标识和标志	Harry	05/06/08
组织结构	各级人员的安全协商。	Christine	03/04/08
资料和决策	安全问题通常包含分类总账。提供预算并跟踪成本 体系到位，跟踪计划的培训与实际提供的培训	Henry Henry	04/04/08 12/09/08
认可/奖励	隐患辨识与风险控制构成奖励计划的组成部分 隐患和风控建议计划	Sue Sue	15/12/08 10/06/08

1.5.3 更新体系选择

更新体系主要着眼于发展战略、设定目标、衡量过渡到未来期望状态所需的体系。虽然机构的战略发展属于高级管理人员的工作，但是机构的所有组成部分都必须参与发展战略，并检查某些级别的绩效。安全人员必须能够将他们的战略与机构的战略联系起来。若要做到这一点，安全问题必须是机构战略规划周期的组成部分，这点很重要。参见图 3。

在这个例子中，安全环境审核与统计报告构成战略规划周期依据的组成部分。没有这个依据和其它依据，则企业中的年度更新和规划周期可能会转变成一种年度预算过程。有人愿意登上只用一台测量仪器飞行的飞机吗？这个问题听起来很荒唐，但是为什么还有那么多的公司仍然以财务作为更新和战略规划的唯一或者首要依据呢？

1.5.3.1 平衡计分卡

"平衡计分卡"是一种有助于确保安全事宜能作为战略规划组成部分加以讨论的工具。[9, 10] 这对于确保战略规划过程中的"人员"能得到考虑十分有效。

虽然有多种不同的应用形式，但是一般来说，人员都是其中的一个组成部分。参见图 4。作为指导，计分卡正常由四个部分组成。

1. 客户
2. 财务
3. 人员
4. 业务流程

规划循环目标	六月	七月	八月	九月	十月	十一月	十二月	一月	二月	三月	四月	五月
战略规划循环												
我们目前处于什么位置？我们希望到达什么水平？			外部客户调查 内部客户调查 员工态度调查 公司安全环境审核报告 安全环境统计报告 组织自身评估					企业计划高层管理讨论会			提供给董事会的信息	
					调查结果和定义的改进项目集合分析							
我们如何才能到达这个水平？每个人将负责做什么？	新的激励计划生效 通过员工对话制定员工计分卡						准备新的业务年度计划之前来自董事会的意见	企业计分卡	业务单元计分卡 这是业务单元制定的，作为实现战略的详细功能性行动计划		沟通阶段 总结的经营预算和目标数字	
我们应如何做？	季度业务回顾		年终回顾		业务回顾（10月底）			业务回顾（1月底）			业务回顾（4月底）	

图3 包含安全成分的战略规划日程表示例

注：本表是以六月份的财务年终报告为基础。

2008-09 计分卡		业务目标	战略	衡量指标
愿景 成为我们所选市场中最好的	财务	将EBITDA提高15%	减少业务资产 提高生产力和业务量改善 NOP AT 增加到产品和服务组合 增加应用新增值 采取适当的收购	EBITDA增长15%
使命 通过我们的人员和安全工作流程为股东和客户提供价值	客户	为客户的业务增加价值	通过集中的客户管理和战略合作关系制定符合客户需求的解决方案	客户满意度指标改善10%
		改善客户与企业的联系	实施集中化的热线服务 改善客户激励的获取和评估	热线到位 CRM系统到位
		利用地区资源	授权地区管理人员，部署资源 实施战略 通过共享缩口利用集团的知识资本	地区销售量增加15% 共享缩口每次利用
		确保员工对于业务目标的投入	增编内和员工沟通 制定业务单元和人员计分卡	每季度举行一次机构通报奖金 各管人员计分卡到位 员工满意度调查改善20%
价值观 在任何时间、任何地点的任何事情都能实现零伤害目标 道德行为 忠诚度 勇气 开创精神和动力 关注焦点 学习和改善 尊重 可持续性	人员	**改善员工满意度**	**保护员工的安全和健康，通过：** • 管理层的投入 • 员工的参与	**a. 管理层在观察方面花了4%的时间** **b. 员工参与风险评估改善安全统计**
		提高员工的能力	审查弹性工作和退益安排 增强管理层和员工为积绩流	HR发展计划到位 培训到位 绩效审查明绩效增强
	业务流程	提高生产效率	通过在整个机构内应用AQC方法来实施业务卓越模型	机构评估表预业务卓越获水平实现持续改善

图 4 计分卡示例

计分卡要求所有四个方面都要作为机构战略规划过程的组成部分来讨论[8]。

所述四个部分中的每个部分，都要有业务目标、战略、衡量指标；此外，通常还应包括机构的愿景、使命、价值观。一些计分卡还包括其它部分，比如责任或到期日一栏。

通常来说，安全目标包含在人员或业务流程领域中。如示例所述，在人员部分，机构的目标是改善员工的满意度。若要实现这个目标，要利用的战略，就是改善安全和身心健康。

很重要的一点是，我们必须认识到，计分卡并不是孤立存在的。若要实施这个目标设定的方法，通常至少需要 3 个级别的计分卡。

1. 公司计分卡(如示例所述)
2. 部门、业务单元计分卡
3. 个人计分卡

这 3 个计分卡互相关联，且目标的一致性对于成功实施至关重要。

最简单的方法是，一致性可按以下图 5[11] 所示实现。

一致性的说明，是通过将战略与不同级别计分卡的目标相联系来完成的，即公司计分卡的战略成为业务单元计分卡的目标，业务单元计分卡的战略成为个人计分卡的目标。这确保了所有目标都能与公司总体目标保持一致。

因此，安全人员必须确保安全问题在公司级别就得以适当解决，否则对层次来说就无关紧要了；其结果是，安全问题得不到必要的重视，无法实现期望的支持，从而也无法实现期望成果。

企业计分卡			
	目标	战略	衡量指标
财务			
客户			
人员			
业务流程			

业务单元计分卡			
	目标	战略	衡量指标
财务			
客户	企业战略		
人员	引导业务		
业务流程	单元		

个人计分卡			
	目标	战略	衡量指标
财务			
客户	业务单元		
人员	战略引导		
业务流程	个人		

图 5 战略一致性

如果体系应用得当，公司计分卡将引导业务单元和个人都具有与安全问题相关的相应目标。参见图 6[12] 的示例。

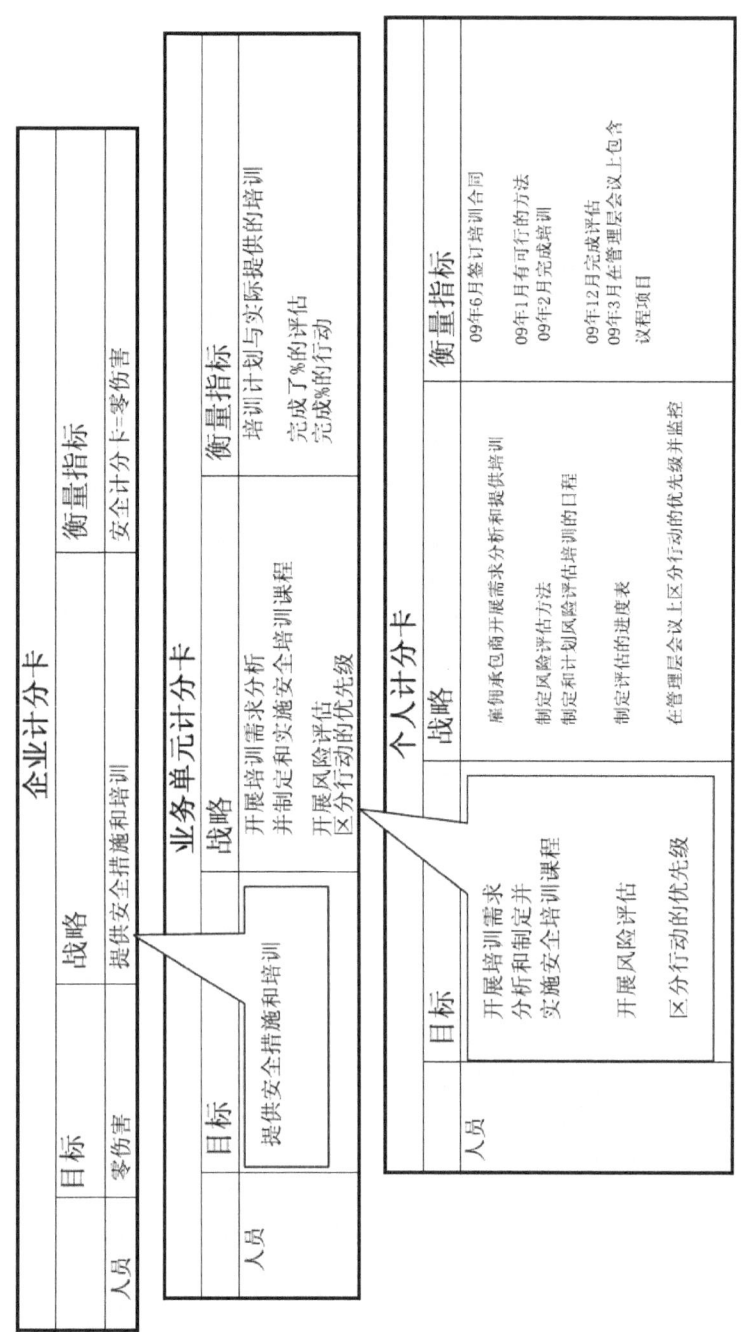

图 6 计分卡战略层次示例

这种方法在确保战略和目标的一致性方面非常有效。如果使用得当，可以成为对安全人员非常有帮助的助手。

1.5.3.2 将安全和财务效益相联系

将安全目标与财务效益相联系也十分重要。安全人员不能把自己从以盈利为目的这一业务基本元素中脱离开来。他们必须精通财务知识，并能够对通常限制公司资金的因素发起实质性论证。否则，在确定关键目标过程中的所有努力工作都将无法实现。安全的总体财务成本:(TFCS)可描述为：

$$TFCS= 结果成本 + 主动成本$$

结果成本——直接由于安全绩效造成的成本。这些成本包括：

    a.   保险费
    b.   诉讼费用
    c.   律师费
    d.   生产率损失
    e.   员工缺席范围费用
    f.   工作场所干扰费用
    g.   医生和医院相关费用
    h.   康复费用
    i.   社区费用
    j.   家庭费用
    k.   员工援助计划成本
    l.   急救设施成本
    m.   意外事故调查费用
    n.   法律事务费用
    o.   品牌破坏——销售量损失
    p.   有关当局和监管机构的罚款等

另外，一个隐性后果通常是在整个过程中的道德缺失，其结果成本往往无法定量，且难以核对。然而，对于安全人员来说，他们必须知道这些成本。随着安全绩效的改善，结果成本应相应减少。这种联系的确定，对于管理层论证主动措施所需的资金非常重要。此外，我们还需要一些责任感，确保能够实现节约成本的目标。

主动成本——这些成本是指与实施主动安全措施有关的成本。这些成本包括：

> a. 安全培训成本
> b. 能力评估成本
> c. 风险评估时间成本
> d. 工作指导成本
> e. 风险控制支出，比如保护装置、个人防护设备
> f. 医疗测试成本
> g. 环境测试成本
> h. 招募测试成本等

有意思的是，迄今为止，我还没有看到有关结果成本、主动成本与安全绩效之间相互关系的任何研究。从我自己在企业中的经验来看，结果成本一般要比主动成本高得多。

在开展资金论证时，安全人员必须做好准备，能够证明增加主动成本的预算以及改善安全绩效与降低结果成本之间的关系。因此，TFCS 没有发生净变化，只是在资金应该花在哪一方面的侧重点有所变化。这可以让决策变得简单的多。是应该将资金投入到处理各种结果的开支上(实际上有些结果成本可能会非常高)，还是采取更为主动的措施，主动影响安全问题并最终影响生产力，这是通常争论的焦点所在。保证对零伤害目标的承诺、保证投入实现这一目标的资金，是安全专业人员在管理层获得同等职位的根本要素。

1.5.3.3 转变——变更管理

变更管理系统需要一个非常严格的过程，机构中的增加、修改、删减事宜要严格控制，但大部分机构却无法做到。无法做到这一点，通常不是由于缺少想法，而是因为缺少协商、规划、执行。采取行动最重要，若要有效实现变更管理，就需要强烈的责任感与严格有效的监控相结合。之前讨论的平衡计分卡在这一方面可能有帮助。

对变更进行规划和执行，还需要各级人员做出承诺，对受变更影响的所有人士进行咨询、培训、指导。对于安全问题，这种咨询和沟通极为重要，而且是执行绩效型健康安全法规的重要组成部分。操作人员、维护人员以及其他人员的投入，都将对变更成果产生积极影响。这些成果应产生改进作用，因此变更的有效性，也要展开评估。

行业中的临时变更，无处不在，这些变更往往会对安全产生不利影响。出于经营和财务压力而考虑的快速解决方案等权宜之计，往往会失去协商和规划的机会，从而最终产生不良后果。

图 7 通道中 [13] 的阀门调整

图 7 中的插图显示的是，在通道初次安装后添加的截流阀手柄。它证明了我们前面所说到的所有事项。这个手柄的安装证明，设计师、安装人员、供应商和雇主等各级人员都未能执行隐患辨识和风险评估。它增加了绊倒、滑倒、跌倒和撞击的危险，也证明缺乏规划、协商以及合规性方面的考虑，不仅会对员工造成伤害，也会让雇主不再提供合法的无健康风险的安全工作环境。

变更管理过程对成功与否至关重要。在这个方面，实用安全的方法是利用标准的观察、建议、行动(ORA)表，通过协商过程，对观察、建议、行动进行概括后，全面分析拟议变更。图 8

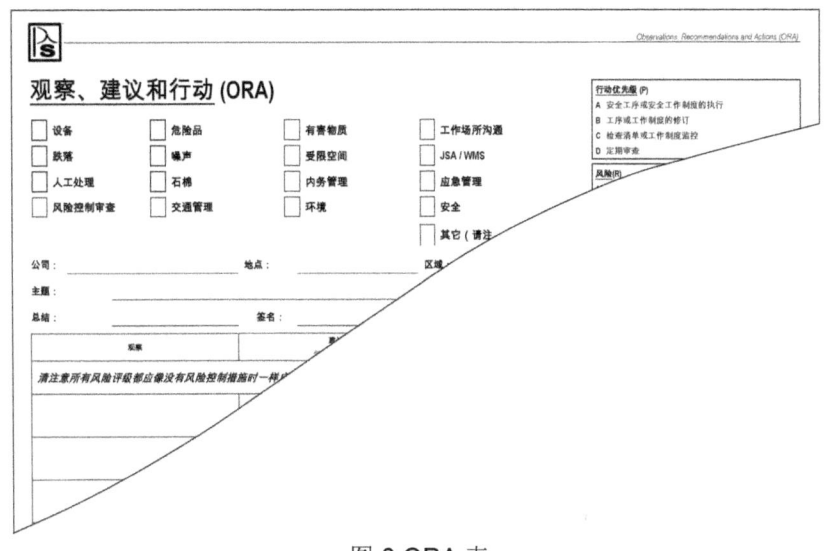

图 8 ORA 表

在整个实用安全流程中使用这个表格，就能以非常简单的方式管理变更过程。该表格要求用户注意所作的观察以及在严格识别过程中的相应风险级别。然后，根据风险控制层次做出建议(见第 90 页表 7)，并为行动分配优先级别。管理层能够根据这些建议做出应对，确保可以得到支持、可以确定职责、可以设定完成日期。

使用的体系需要让所有人都可以接触到，并且要尽量简单，让机构中的各级人员都能使用。要实现可信目标，就必须执行监控，确保在完成日期方面，做出的承诺能够得到履行。

practicalsafety.com.cn

2. 实用安全流程

2.1 简介

在上一章中，我们很清楚地知道，如果没有管理层的承诺，则在安全问题的实际应用方面，收效可能甚微。这种承诺不仅仅是制订一项政策声明，而是包含在机构的独特文化中。

因此，请务必了解核心安全流程。随着 ISO9000-2000 质量管理体系标准 [14] 的出现，管理体系同仁们也认识到确定机构流程的重要性，其中核心问题是流程，而不是对管理体系要素加以说明。其中的优势是"为流程体系中各个独立流程之间的联系提供持续控制"。但是，这对安全问题有什么意义呢？首先，我们需要了解核心安全流程，其次是了解核心安全流程后，再了解这个流程如何与机构中的全面管理体系相配合。

从实用安全观点上看，我们意识到，若要实现零伤害目标，我们必须了解需要准备就绪的基本流程步骤。我将这个步骤定义为"实用安全流程"。图 9 所示的实用安全流程模型是这个流程的具体描绘。

实用安全流程™

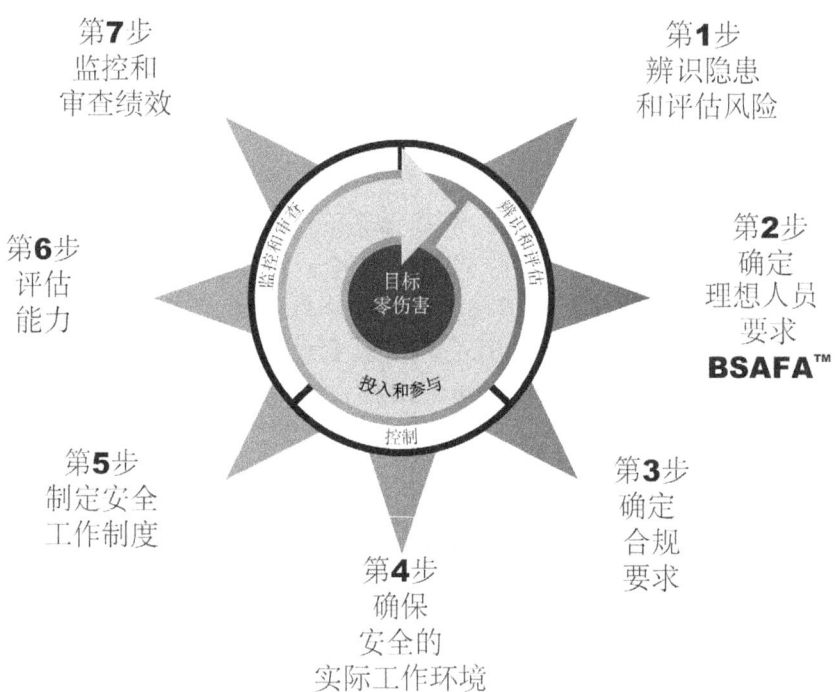

第**7**步
监控和
审查绩效

第**1**步
辨识隐患
和评估风险

第**6**步
评估
能力

第**2**步
确定
理想人员
要求

BSAFA™

第**5**步
制定安全
工作制度

第**3**步
确定
合规
要求

第**4**步
确保
安全的
实际工作环境

监控和审查

辨识和评估

目标
零伤害

投入和参与

控制

图 9 实用安全流程模型

如图所示，内圆代表了 2 个基本要素。

1. 零伤害目标；
2. 承诺和参与

这两个元素被认为是基本要素，因其处于有效安全管理文化要求的核心地位。如果没有目标，没有大家的承诺或参与，所有努力都将付诸东流，也就无法实现目标。此外，包容变化的意愿和期望也将成为关键文化属性。

外圆代表了七个流程步骤：

第 1 步 辨识隐患和评估风险

第 2 步 确定理想人员要求 BSAFA™

第 3 步 确定合规性要求

第 4 步 确保安全的实际工作环境

第 5 步 制定安全工作制度

第 6 步 评估能力

第 7 步 监控和审核绩效

实用安全流程将会在以下章节中详细讨论。

2.2 设定目标并确保承诺和参与

2.2.1. 管理层积极参与的重要性

通过模型核心讨论的两个基本要素是零伤害目标以及承诺和参与。这些基本要素是最难解决的问题，因为它们涉及到机构文化的本质以及所有人员对于解决安全问题的意愿。在第 1 章中，我们详细讨论了机构设计的重要性。从机构上看，流程是从高级管理团队设定目标开始。目标是随后所有选择的基础。我从没见过任何人愿意受伤，所以我相信目标只有一个，那就是"零伤害"。这是理性意义上的目标，因此这个目标可以超越安全问题，延伸到社区和环境方面。

管理层的承诺、所有员工持续努力参与实现这个目标，都是将安全作为企业文化基本价值观的基石。这同时也意味着管理层的行为证明了管理层的承诺以及各级人员的参与。拥有清晰的目标和各级人员的实际承诺，必将巩固安全流程中所有步骤的基础。将机构设计原则应用到安全流程中是一个非常有价值的实践，这可确定支持所需的关键设计选择。这些选择能够促进提倡并执行伤害的控制或预防措施。请见第 1 章。

我大力支持衡量管理层的承诺。管理层的承诺可以通过多种方式衡量，通常只是不愿意衡量罢了，我得补充这一点。但是，这几年，我发现安全绩效与承诺之间存在很强的相关性。其中一种最简单的衡量方法，就是观察并记录管理员在安全相关任务方面承诺的时间量以及这个时间量在总体可用时间内所占的比例。

在大型的工程项目中，我把所投入的时间量联系起来，发现如果监督管理层在安全相关活动方面投入的时间少于 4%，则可能导致损失工时伤害事故。这个时间可能与审核、观察、安全委员会、工具箱以及工作场所的其它沟通方式(其中有直接投入到安全问题的时间)有关。最大的相关性出现在投入的观察时间。俗话所说的"走动式管理"或"通过检查获得您想知道的事项"特别适合于安全问题。为什么？因为管理层的实际承诺非常关键。他们的行为确定了整个机构文化的基调，并证明他们对于安全目标、体系、彼此以及为实现零伤害目标而必需采取的行为的承诺情况。

记得几年前，我曾看过一张文化历程图，其中显示了转变到更为成熟的安全文化所需的必要步骤。虽然我对这张图的来历不是很清楚，但是我将原来的文化历程图改编一下，如图10 所示，我认为这张图可以提供一些宝贵意见。什么也不安排，就意味着我们必须依靠本能，预期结果就是伤亡率将会很高。如果管理层能展示他们的承诺，则个人和团队也将因为同行压力以及文化的成熟而最终跟随。但是，如果在初期阶段管理层有任何前后矛盾的地方，就会阻止进度发展，因为员工之间将会蔓延一种怀疑和莫不关心的文化。

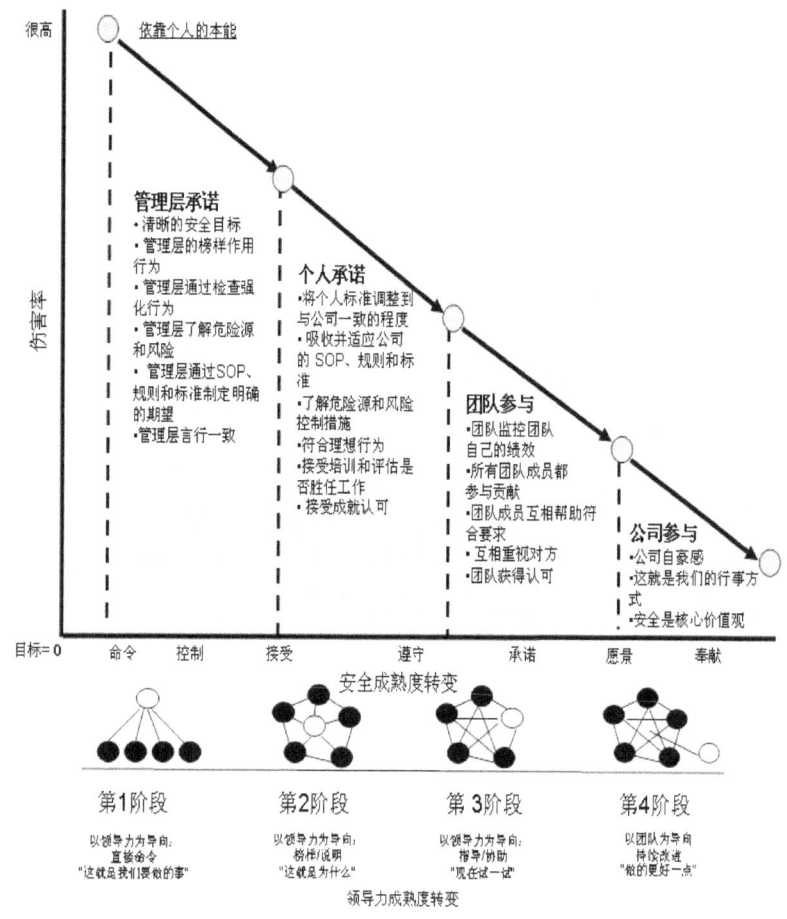

图 10 安全成熟度和领导力转变

图 10 所示的是领导力转变历程 15，该历程需要从指示转变到让员工对每日安全管理有更多的投入。图中，白圈代表管理人员，一开始处于第一阶段的传统等级层次中，慢慢成为团队中的一部分，最后成为第四阶段表中的团队指导人员。在第一阶段中，没有协商，而是一种指示性管理方式。但是，随着团队的不断成熟，更多的协商则产生更多的团队互动和参与。

这要求管理人员逐渐发展出一种辅导性和指导性的管理方式。一些管理人员、主管将会阻止这样做，希望继续保持住控制力，因为他们觉得保持住控制力，可以让自己感觉比较舒服。随着文化的成熟，这些管理人员会变得十分显而易见。如果安全历程继续向全面成熟方向发展，他们的不足之处将需要得到解决。

有意思的是，在监督一些电厂项目时，我就开始测量花费的观察时间以及在过程中报告的问题类型。请见图 11。

所做的观察	态度	PPE	高度	电	人员职位	设备	内务管理	工作方法	观察时间(小时)	危险行为小时	总的工作时间	观察时间的%
1月	22	250	59	30	310	291	461	270	60	28.2	998	8
2月	22	263	67	30	308	198	263	183	58	23.0	2993	2
3月	22	191	90	20	261	177	230	166	62	18.7	3898	2
4月	15	90	142	30	234	118	194	97	80	11.5	3912	2
5月	6	21	243	30	155	128	90	42	60	11.9	1997	3
6月	15	130	150	120	172	218	254	183	65	19.1	2106	3
7月	23	125	43	150	251	192	237	134	65	17.8	3605	2
8月	23	90	20	160	127	108	191	92	50	13.5	2402	2
9月	10	45	15	120	89	88	131	83	40	14.5	1800	2
10月	7	21	10	90	67	78	121	23	30	13.9	1318	2
11月	5	24	5	70	39	18	94	15	27	10.0	1008	2
12月	1	15	8	50	19	5	48	5	20	7.4	667	3
合计	171	1265	850	900	2032	1619	2312	1293	627	16.7	26694	2
合计%	1.6%	12.1%	8.1%	8.6%	19.5%	15.5%	22.1%	12.4%				

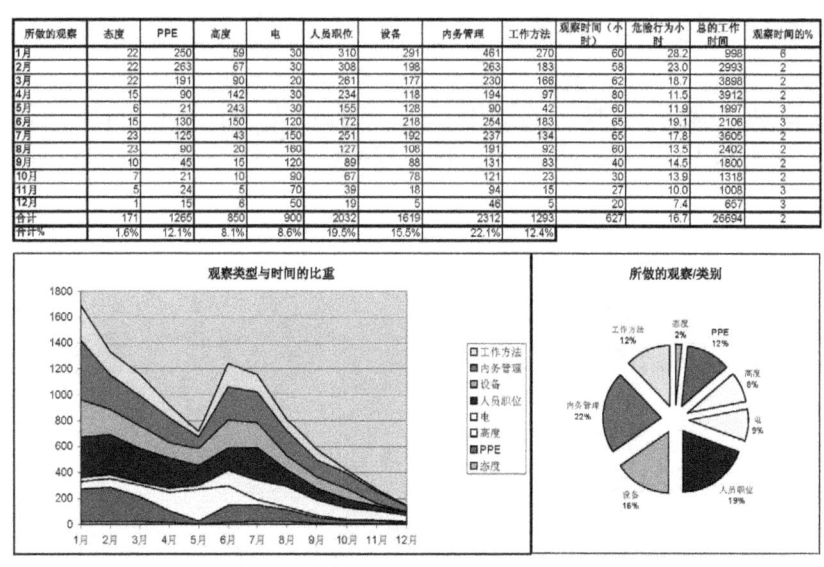

图 11 项目观察分析

管理层在观察方面的时间承诺平均应为总体可用时间的2%。通过计划项目过程中需要承诺的观察时间，随着风险行为至少在五月份前下降，说明衡量成熟度的明显标志已经出现。对我来说，最有意思的一点就是，在五月份，整个劳动力从土木承包商转变到机械电气承包商。虽然风险行为上升，但不是上升到项目开始时的原始水平，而是上升到该水平的三分之二。我在许多施工现场中都见过这种情况,因此我得出的结论就是第一批承包团队遗留的剩余文化的确会对后续进入现场的人员产生影响。即使由于工作性质的转变,所采用的观察类型也不同,但从曲线斜率中反映出来的改善率实际上还是相同的。虽然这个施工现场中实现了不发生损失工时伤害的目标,但是若要确定观察时间与管理层所花时间的相关性,即"多少时间才足够?"以及"收益率减少的点在哪里?",则还需要完成更多工作。在制造过程中,如果发生重大变化,类似结果也会看到。目标必须是确定需要结合何种战略才能实现零伤害。

2.2.2. 确保承诺和参与

承诺和一般员工参与的影响,需要通过支持该影响的体系得以鼓励和促进。这应包括以下内容:

1. 安全愿景
2. 安全价值观和原则
3. 安全规划
4. 职责和权限分配
5. 安全协商流程
6. 沟通流程
7. 安全目标和目的

2.2.2.1 愿景流程

建立安全愿景对于确保承诺非常关键。在有机会制定计划时,机构必须了解计划需要实现的目标所在。通过机构中各级人员的协商和参与,可以确定出未来期望状态。愿景通常是机构中特有的事物。我们需要抵挡住诱惑,不要直接复制别人的愿景将其作为自己的愿景。如果不是从机构内部出发制定的,则这个愿景在您机构中将不具有文化敏感性或所有权。最后,只能由首席执行官负责批准,但是每个人都必须有愿景。这种情况只有在如果利用的流程支持期望成果的实现时才会发生。这包括设计用于生产的实际流程以及设计用于创建期望文化的流程。以下所示的流程图示例仅供参考。请见 2.2.2.1 流程图。

2.2.2.1 安全愿景流程

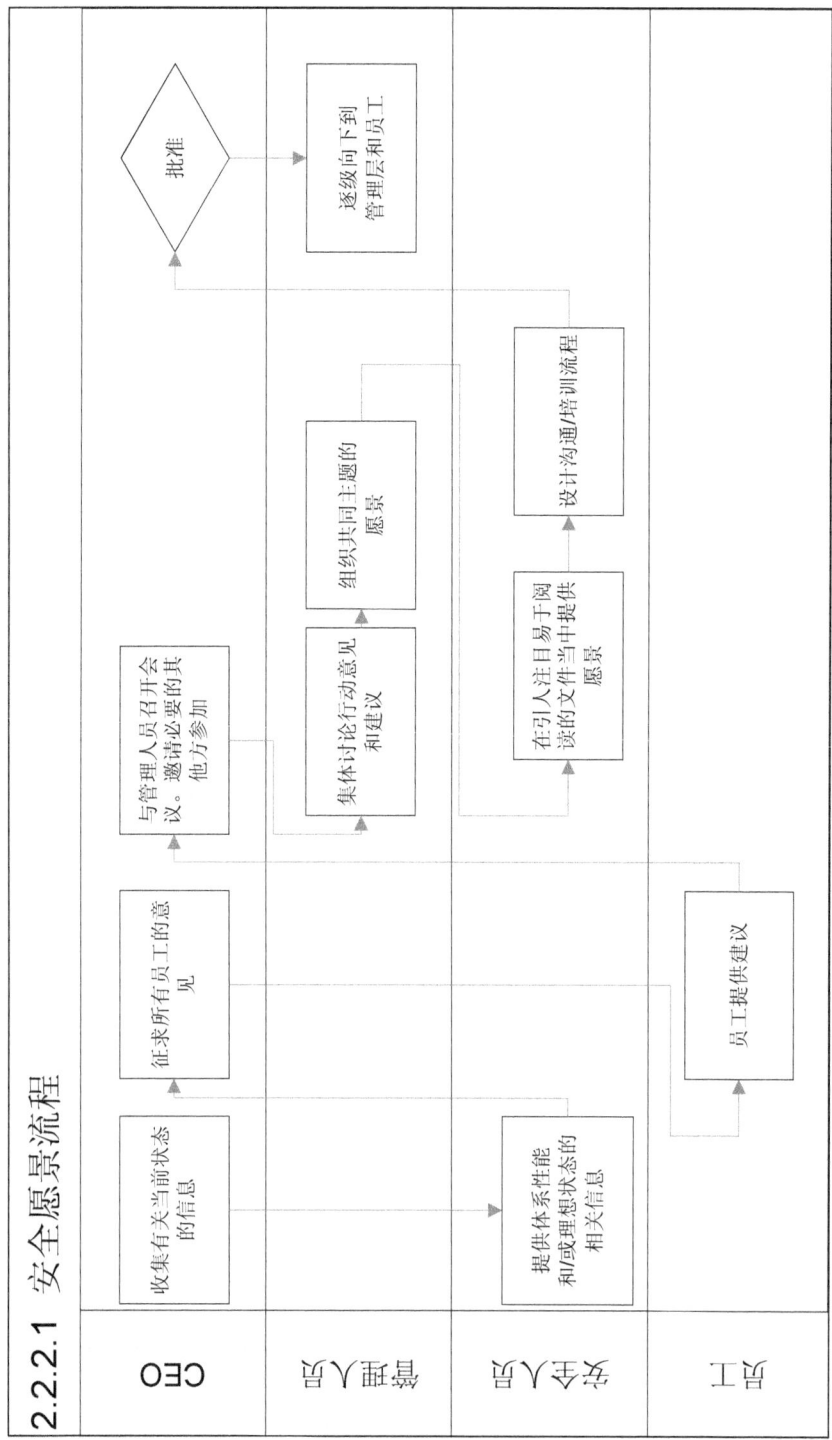

2.2.2.2 安全价值观和原则流程

在第 1 章中，我们已经花了一些时间讨论如何从期望业务成果中获得原则和价值观。但是回顾一般安全原则和价值观也很重要，特别是支持愿景的价值观。请见 **2.2.2.2** 流程图。这些很重要是因为它们可以用来培训和指导各级员工，可以帮助指导决策。一些示例可能包括：

- 说到做到，安全行事
- 可以预防所有伤害和事故
- 我们证明我们想要的安全水平
- 任何时间、任何地点实现任何人的零伤害
- 我们照顾好同事
- 如果不能安全地做某件事，则不做
- 我们达到准备跨越的安全水平
- 我们面对风险行为
- 我们让员工参与决策
- 不牺牲培训
- 安全的企业才是好企业
- 所有经营风险都能够有安全措施
- 管理层有责任，但是安全问题人人有责
- 最低要求是遵守法律
- 在事实和数据基础上开展风险评估
- 拥有健康的劳动力，也就是拥有更具生产力的劳动力

以上并不是一份详尽的清单，只是提供一些对哪些因素在有些机构中起作用的了解。若要获得有效的原则、价值观，这些陈述需要让所有员工看得见，并铭记于心。

2.2.2.2 安全价值观和原则流程

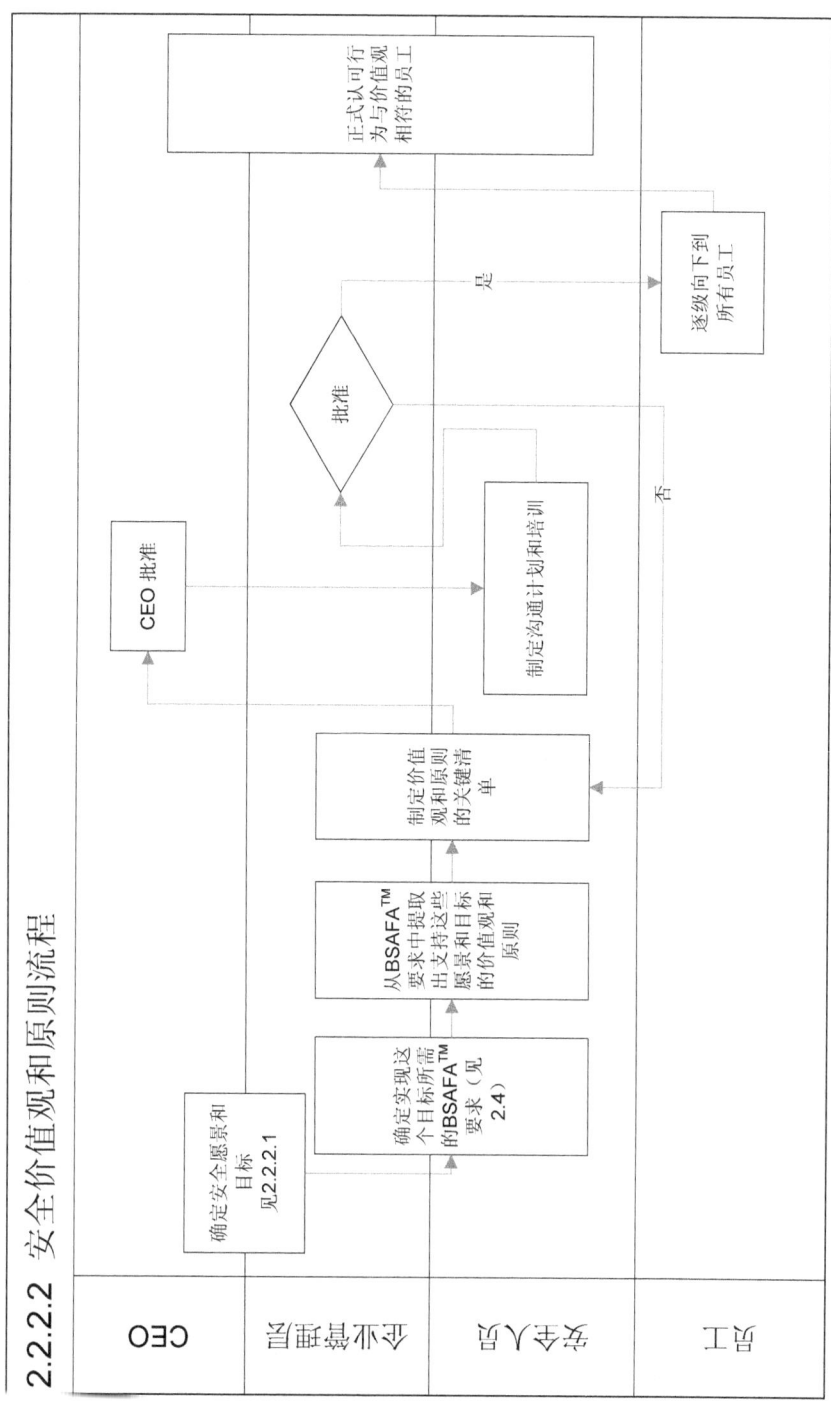

CEO	安全管理人员	核心人员	员工
确定安全愿景和目标 见2.2.2.1	确定实现这个目标所需的BSAFA™要求（见2.4） 从BSAFA™要求中提取出支持这些愿景和目标的价值观和原则 制定价值观和原则的关键清单	CEO 批准 制定沟通计划和培训	逐级向下到所有员工

批准 — 是 → 正式认可并为与价值观相符的员工

否

这些原则用于日常对话中时，特别是管理层使用这些原则与员工交流时，就是走向成功的标志。在将安全确定为核心价值观时定义这些原则非常关键。一有机会，就需要巩固这些原则，这对描述机构的期望文化非常有帮助。

有些公司已经利用认可计划和年度颁奖晚会，对体现期望原则、价值观的人员给予认可。这能够产生非常有利且令人振奋的效果，看到价值观以一种正式的方式获得认可非常重要。

2.2.2.3 安全规划流程

这里可以提供的最佳建议就是，不要仅仅有一个安全规划流程，而是最好有一个业务规划流程，其中包含安全部分。但是，安全往往被人们看作是与业务活动中其它部分相分离的事物。这是一种文化上的错误，除非安全问题已包含在正常的业务活动中，否则几乎就不可能实现成功目标。这意味着安全问题必须是以下各项的重要组成部分：

1. 战略规划

2. 业务规划和会议

3. 个人计划

从这些流程所产生的决策通常超出安全人员的决策范围，而且必须来自高级管理层，且经过高级管理层的强化。但这并不意味着安全人员就不承担责任了。他们的职责所在就是确保以应有的优先级提供安全，并确保向管理团队提供相关的安全资料，以便他们做出周密的决策。只有在及时准确提供事实和数据的情况下，才能做出决策。对安全人员而言，这意味着需要提供以下相关方面的资料：

1. 审核结果和建议

2. 安全观察和行为趋势

3.   安全统计

4.   主动措施的预算计划

安全人员还应参与一些业务管理规划会议，确保安全事宜纳入考虑范围。他们可能不会收到邀请，但是这不应作为不参与的借口。请见 2.2.2.3 的示例流程图。

2.2.2.4   职责和权限分配流程

对于有可能影响到个人、设备、环境健康安全的所有活动，则必须为公司员工分配特定的职责和权限。必须书面记录这些职责和权限，并与所有员工沟通。

分配职责和权限时，应充分考虑当地法律。法律通常已明确规定雇主、安全代表以及员工所需承担的职责。这些职责是应该分配的最低职责要求。通常，最好是通过一份职责图分配职责。请见图 12 的示例。不仅指明职责很重要，指明与职责有关的权限也很重要。职责图中说明了如何做到这一点。另外，还必须通过职位描述和适当的培训与相关人员沟通。请见 2.2.2.4 流程图的示例。

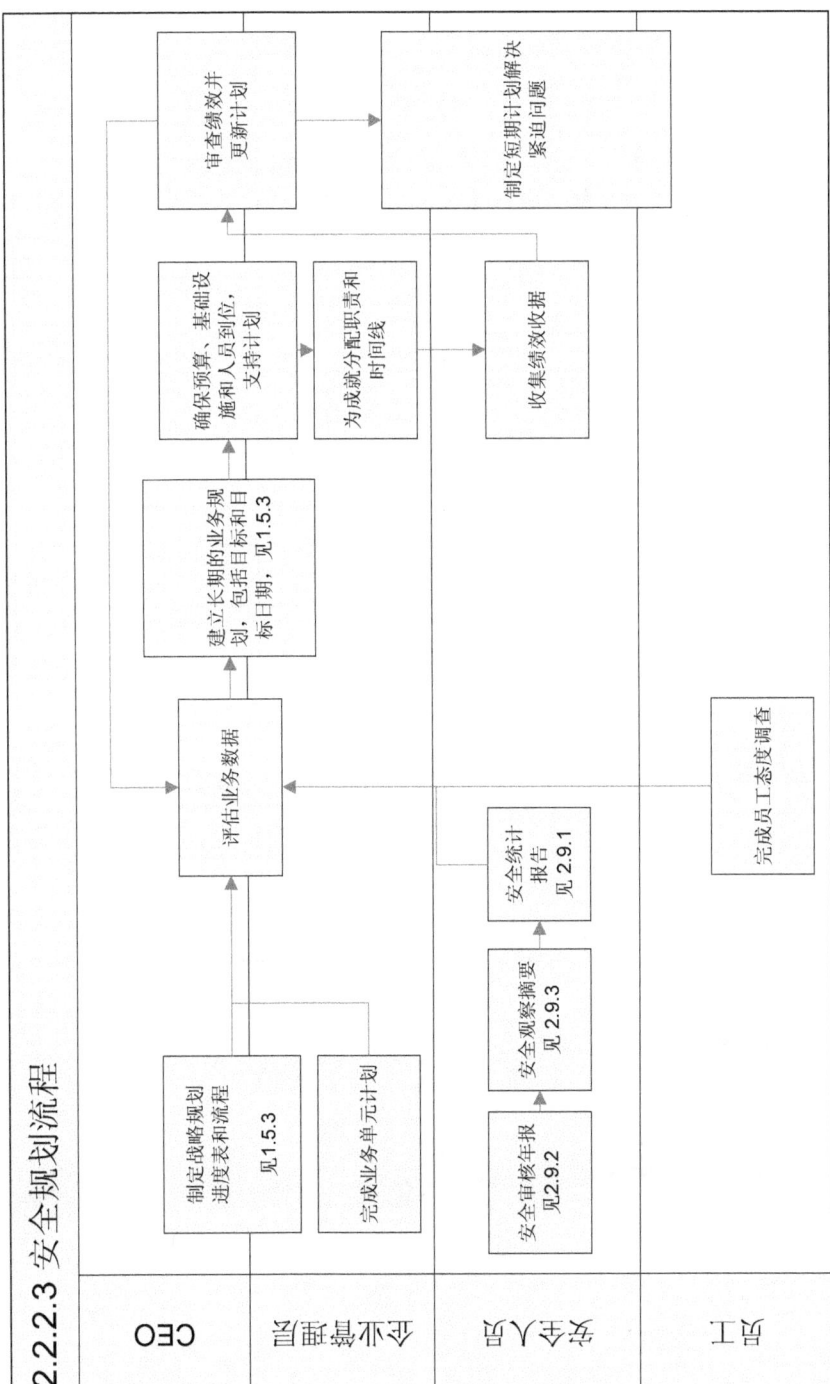

2.2.2.3 安全规划流程

CEO	**业务部经理**	**人力 资源部**	**员工**

	CEO	HR	LM'S	SITE MGR	Site OHS	SUPPLY	监督员	员工
企业责任								
OHS政策和目标	A	D	S	I	I	I	I	F
OHS 21步计划	A	D	S	I	I	I	I	F
OHS信息系统		D,I	S	S,F	S,F	S,F	S,F	F
建立OHS内联网		D,I	S	S,F	S,F	S,F	S,F	
OHS职责和权限表	A	D	I	I	I	I	I	
OHS每年评估		G,S,P	S,P	S,P	S,P	S,P	S,P	P
主动影响立法人员	S	I	S	S	S	S	S	
报告OHS绩效	S	G,S,I	S,I	S,I	S,I	I	I	
现场基础设施职责								
保持现场OHS监管要求	S	G	S	D	G		I	F
应急系统	S	G	S	D	G		I	F
保持基本服务	S	G	S	D	G		I	F
急救	S	G	S	D	G		I	F
卫生管理	S	G	S	D	G		I	F
基本服务管理	S	G	S	D	G		I	F
维护承包商管理	S	G	S	D	G		I	F
维护承包商选择	S	G	S		G	S,G		F
废物处置和回收	S	G	S	D	G	S,G		
能源利用监控	S	G	S	D	G			
交通管理	S	G	S					
现场安全	S	G	S					
符合人体工程学的办公室布置	S	G,S	S					
危险品管理	S	G,S						F
管理和监督							I	F
OHS审核	S	G,S				D,I	D,I	F
OHS观察	S							F
OHS培训计划				D,I	S,G	S	I,F	
			S,G	S,I,P	G,S,I,P	S	S,I,P	P
	P	P	P	P	P	P	P	P
	S,P	G,S,P	S,P	S,P,I	G,S,I,P	S,I,P	S,I,P	P
descriptions	I	G,I				I		

图例

A	批准	CEO	首席执行官
D	制定	LM's	各级管理人员
G	提供指导	HR	企业人力资源
S	支持执行	Site OHS	现场安全人员
I	执行	Supply	负责采购的人员
F	遵循说明		
P	参与		

图 12 职责图示例

2.2.2.4 安全职责和权限流程

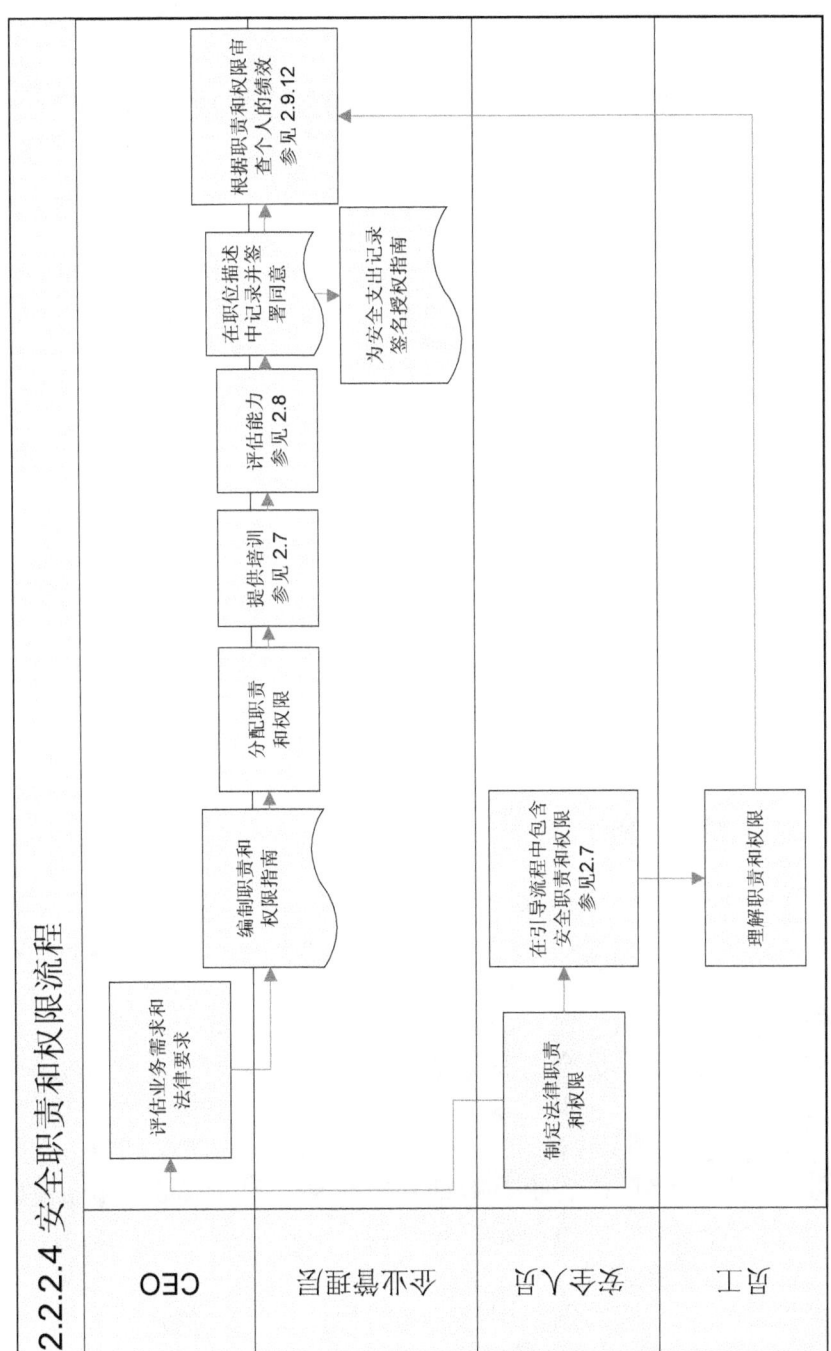

CEO	业务部门经理	安全人员	员工
评估业务需求和法律要求 → 编制职责和权限指南 → 分配职责和权限 → 提供培训 参见 2.7 → 评估能力 参见 2.8 → 在职位描述中记录并签署同意 → 根据职责和权限审查个人的绩效 参见 2.9.12	为安全支出记录签名授权指南	在引导流程中包含安全职责和权限 参见2.7	理解职责和权限
		制定法律职责和权限	

2.2.2.5 协商流程

这是获得所有员工承诺的关键组成部分，在大多数情况下，这也是一项法律规定。更为重要的是，它还能产生更好的最终结果。

流程必须到位，用来在安全流程的各阶段征求所有员工的意见/观点以及反馈。应利用好各种机会征求、获取以及听取所有员工关于如何改善安全问题的看法。这些机会包括：

      a.   协商委员会

      b.   工具箱会议

      c.   换班会议

      d.   建议奖励计划

      e.   非正式谈话

      f.   集思广益会议等

协商通常是在相对不成熟的阶段开展的，在这个阶段中，成立安全委员会，并任命职业健康安全代表。但可惜的是，我发现，在整个行业中，如果我问到相关问题，管理人员都会把安全委员会称为他们的协商机制。在一个真正成熟的安全文化中，虽然委员会占有一定的位置，但是个别管理人员与其员工之间的互动也会多很多。安全已经成为每个人在改善方面所关注的日常话题。一对一、面对面的团队协商也更多，这样能够更快、更有效地获得结果。对于员工来说，他们可以很快判断出协商是不是严肃认真的。我经常听到有员工说"他们根本就没在听"，我耳朵都听起了老茧。对于管理层来说，就好比按比例运用耳朵和嘴巴，也即听和说的比例是二比一。协商障碍通常包括：

a. 恐惧——双方都有理性与非理性的恐惧感
b. 信任——缺乏信任
c. 政治手段——安全被当作杠杆手段

了解存在哪些障碍、了解若要成功协商应如何克服这些障碍，这点非常重要。这通常深入到公司文化的核心所在，但是可以通过一支负责任的管理团队获得改变。请见 **2.2**。

在大部分情况下，法律要求雇主以各种方式与员工协商，协商事宜包括：

1. 辨识或评估由于业务活动产生的隐患和风险
2. 确定控制这些风险的措施
3. 确定员工设施是否足够
4. 确定问题解决程序
5. 确定安全委员会的成员资格
6. 提出可能影响健康安全的变更

协商意味着雇主必须与员工分享资料，为他们提供适当的机会表达其意见，并将这些意见纳入考虑范围。应确定协商流程，并让所有员工知道。

逐渐地，管理层需要使用更具创造性的机制来雇用员工。这样产生的好处远大于任何可能的负面问题。

2.2.2.6 沟通流程

协商是一回事，但是也必须适当沟通安全讯息。安全讯息不仅要使用文字沟通，而且还要靠行动、态度、实际环境来沟通。所有感官都应利用来传达讯息。从我自己的经验来说，我去过许多让我感觉到安全的地方，但是也去过其它一些让我感觉到非常不舒服的地方。当我们的身体调整到避免疼痛和痛苦的状态时，所有的感官意识都将发挥作用。经验告诉我们，事实也正是如此，我们的身体对于感知隐患的存在十分灵敏。员工也可以使用这些感官意识来感知承诺性。它同时涉及到管理人员的走动式管理以及他们对于安全事宜所发表的意见。即使使用语言，包括肢体语言，对于传达安全讯息也是非常重要的。心理学家在语言使用中描述了"快速确定负性"强化物和"快速确定正性"强化物。例如，如果主管对员工说"你今天下午 4 点以前要把卡车装载好，并保证安全完成这项工作"，这句话到底是什么意思？正性强化与在下午 4 点以前将卡车装载完毕有关。负性强化则围绕着安全问题。而不会认为与卡车装载有关的下午 4 点这个讯息也一样重要。因此在业务领域中通常使用这种语言。这种语言会摧毁安全文化，导致员工对于管理层承诺的怀疑和不信任，即将生产摆在第一位。

主流文化必须转变为"说到做到，安全行事"。安全必须作为核心价值观沟通，然后通过与该价值观相一致的管理和监督榜样行为和态度支持。这还关系到创建分享论坛时要有创造性。我以前的一位首席执行官，利用"沟通早茶会"的形式，即在非正式的早茶会上，与员工沟通安全讯息并征求员工的问题。员工对这种开放式的沟通方式反应很好。

引导和同化计划也能发挥重要作用，因为新员工来的时候可能都背负着来自前任雇主的沉重包袱。必须花时间让他们知道公司的期望，并适当沟通。

实际环境是沟通安全讯息的另一种重要方式。我记得有一次我参与接收一家企业的情况，这家企业有很多旧设备，墙壁黑乎乎的，布满灰尘，安全记录令人震惊。在接收完成之后，我们首先做出的决定就是停止生产。为了试图改变这种文化，我们开始整体大扫除，把所有螺栓已脱落的物品清除出工厂以外，并购买了几桶 44 加仑桶的白油漆刷在墙壁和地板上。的确，与员工沟通需要改变的事情，这种方法非常有效，而且确实能够改善安全问题。工作环境能够传达非常强烈的讯息，所以应该好好利用。需要考虑的有：

1. 墙壁颜色
2. 照明
3. 将安全问题作为首要议程项目的会议纪录模板
4. 有疏散计划的会议室
5. 签到簿和访客接待
6. 噪声抑制与音乐
7. 标志
8. 布告
9. 标语，包括电子形式的
10. 机械——有防护措施且保养良好
11. 分界线——采用彩色标记的障碍物、有标记的走道、栏杆、地板区域等
12. 流程绘制、视频、图片和文字
13. 空气质量
14. 温度
15. 内务管理
16. 所有东西都各有其所，并且各得其所
17. 高品质、整洁的休息午餐室
18. 设施(最好不是塑料的！)
19. 气味
20. 公司公告板
21. 员工通讯
22. 防反射板
23. 广告牌
24. 绩效板等

所有这些都能增加安全讯息，从而增加安全文化。我发现，视觉刺激在车间十分有用。防反射板和高度可视化程序等措施可能相当有效。请见图 13。

图 13 所有东西都各有其所，并且各得其所 [16]

人们问到需要多少沟通才足够时，我都会提到我练习空手道的日子，讯息、练习必须经过反复，才能成为常态。

2.2.2.7　安全目标流程

这个话题已经谈论过很多，在此无需详细描述。但是，我想提出一些有争议的看法，我真的觉得没有必要为损失工时伤害、急救事故等潜在指标设定目标。如果目标是零伤害的话，与这些指标有关的目标对实现零伤害目标有什么帮助呢？答案是，没有帮助。但是在许多公司中，还是围绕这些指标设定了目标。虽然我承认它们是安全绩效的重要衡量指标，但是并不构成实现零伤害目标的基础；那么你将何去何从呢？每个设定的安全目标必须与零伤害目标有直接联系。换句话说，也就是这项活动将如何帮助实现零伤害？这种方法迫使管理层以不同的方式思考。这并不是说，让我们今年将损失工时伤害降低 20%。这个目标接受伤害的发生，并确定一种文化，该文化针对的是在即将到来的一年有人员受到伤害。如果管理层真的认为零伤害是唯一可接受的目标，就必须认真做出规划，检查若要实现这个目标，需要准备些什么。请请见第 1 章的内容，因为机构设计对这一方面能发挥重要作用。这也不仅仅是说，让我们使用主动安全目标，比如计划与已交付的审核、管理时间占观察时间的百分比、已培训人员的百分比等。关键的是，如果期望成果是零伤害的话，则管理层必须了解支持该期望文化的 BSAFA™以及体系要求。请见第 1 章。该章内容可为管理层提供需要的活动，以及要求达到的目标。请见 2.2.2.7 流程图的示例。

2.2.2.7 安全目标流程图

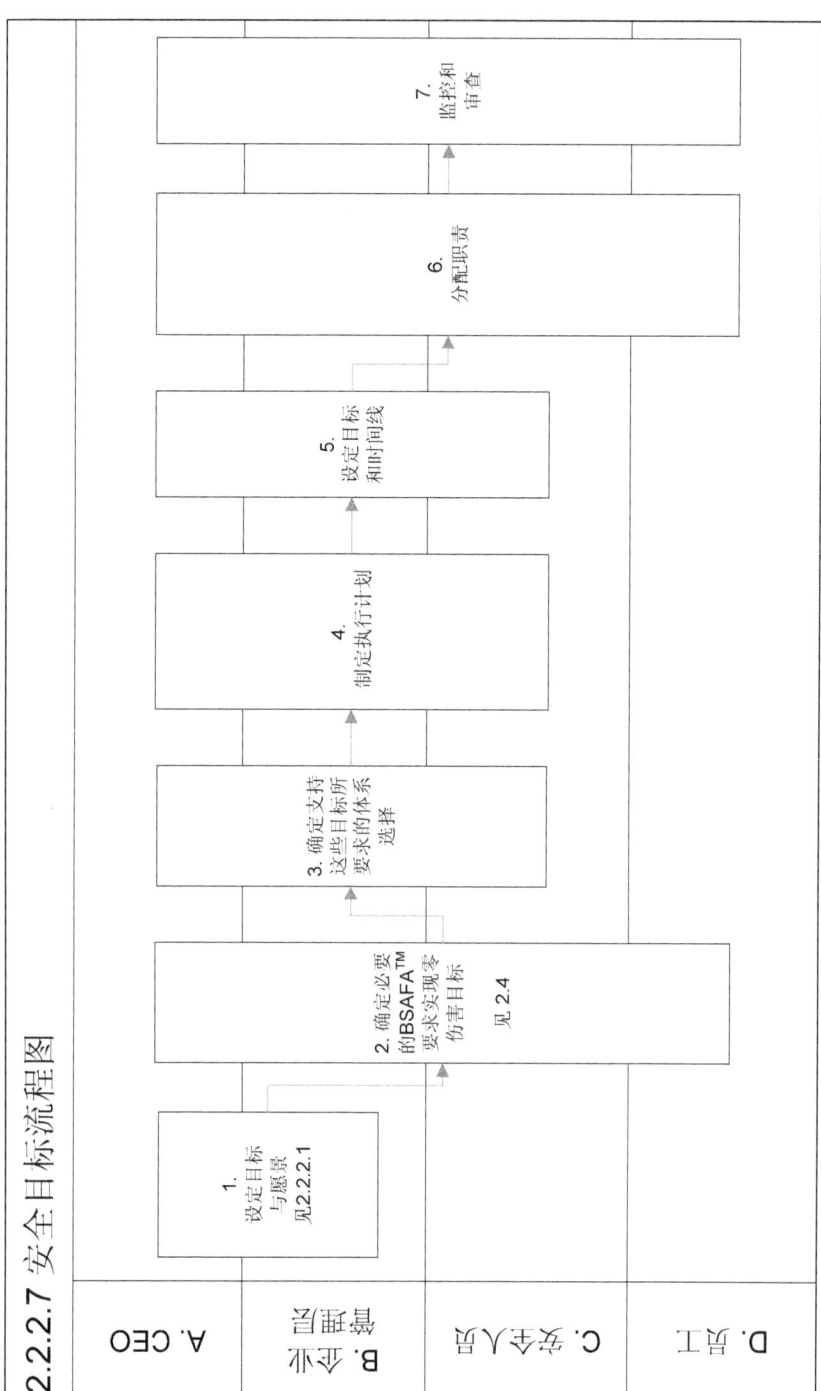

A. CEO	B. 部门经理	C. 安全人员	D. 员工

1. 设定目标与愿景 见2.2.2.1

2. 确定必要的BSAFA™要求实现零伤害目标 见2.4

3. 确定支持这些目标所要求的体系选择

4. 制定执行计划

5. 设定目标和时间线

6. 分配职责

7. 监控和审查

2.3. 第 1 步 辨识隐患和评估风险

2.3.1. 隐患辨识和风险评估的实用安全方法

行之有效且充分理解的隐患辨识和风险评估过程至关重要，这是建立有效安全体系的根本所在。风险评估有不同的等级，从更全面的分析方法，如概念风险评估，到与个别装置、物质、任务、设备等有关的非常具体的风险评估流程。需要考虑的重要因素包括：

1. 一般机构对于隐患和风险之间差异的理解

2. 辨识隐患的结构化方法

3. 为评估风险所确定的方法

4. 评估暴露于风险中的频率(可能性)以及后果的方法

5. 计算相应风险级别的简单方法

6. 根据相应的风险计算级别，分配风险控制活动优先级的方法。

2.3.1.1   隐患辨识

首先，什么是隐患？澳大利亚标准 AS4801 中给出的定义是：

> *"可能导致人体受伤或疾病的伤害、财产损失、环境破坏或这些情况组合的根源或状态。"* [17]

这个问题和答案看起来显而易见，但是事实果真如此吗？在风险评估方面拥有多年经验的人员可能会同意，这个简单的问题可能是人们理解最少的问题。在检查过去几年的许多风险评估时，人们对于描述隐患情况的混乱程度，一直让我很吃惊。简单地说，就是存在多少个隐患？澳大利亚 [18] 维州工作安全局在多年以前制定了一份清单。对我来说，这份清单为制定一般隐患清单奠定了坚实基础，也为隐患定义提供一种规范方法。该清单包括：

- 缠结
- 压碎
- 切割/刺穿/戳穿
- 撞击
- 滑倒/绊倒
- 跌倒
- 切伤
- 摩擦
- 高压液体或气体
- 电气
- 人体工程学
- 窒息
- 火灾和爆炸
- 化学品
- 生物制品
- 温度高或低
- 有毒烟雾
- 环境
- 灰尘及其它颗粒物
- 噪声
- 振动
- 天气
- 辐射(UV/EMR/焊接)
- 受限空间

在我看来，令人惊讶的是隐患清单并不是一份无止境的清单。许多不同情况中都有已经确定的隐患。许多人通常犯的共同错误就是，他们只是描述所看见的情况，而不是描述存在隐患的情况。让我们看一下图 **14** 中的事故示例。

图 **14** 事故现场 [19]

例如，虽然他们笑对发生的事故，但是事故可能严重得多。通常，我认为调查人员可能会推断是地板上的软管让这位女士跌倒的。通常，人们会将软管视作隐患，但实际上隐患应该是"绊倒"，软管是原因。

这是一个微妙的讯息，但却是必须掌握到的重要讯息。它要求观察员和审核员改变思维习惯，才能实现这种成熟度水平，但是带来的好处是非常巨大的。利用一贯应用的标准隐患问题清单，我们可以分析隐患发生的位置，并将适当管理其风险作为目标。这也能为整个机构提供一致性，并建立对什么是隐患的了解。然后可以在所有流程的安全体系中产生持续强化作用。例如，我将隐患清单印在工作安全分析和设备安全评估流程表中。这能加强理解，并建立起辩识隐患方面的能力，同时，也为协商、资料提供、指导以及培训提供了更为简单易行的方法。

2.3.1.2 评估风险

市场上有许多专门的模型用于评估风险。就简单易用的方法而言，澳大利亚标准 AS4360[20] 是个很好的起点。使用哪一个体系都没有关系，或者使用自行开发的体系也可以，但是使用的体系必须健全，能够为全体员工所使用并理解，且必须包括以下基本因素：

a. 有一些风险权重衡量，允许对比不同情况下隐患的相关风险

b. 风险暴露的频率和可能性衡量

c. 评估风险暴露后果的措施

d. 为行动确定风险优先次序的方法

在我看来，风险评估中最难处理的关键点在于许多人总是在实施风险控制之后，仍然执着去实施隐患的剩余风险排序。实用安全流程的目标是达到零伤害。风险必须在合理实用的情况下消除或降低，让适当的风险控制工作可以安全地执行。在定义上，风险消除的意思相当明确，但通常不容易实现。只有在所有风险控制措施，包括持续的变更管理、监控和审核，都已经在一个可论证的过程中实施后，才有可能以合理实用的方式降低风险。在实用安全流程中，实用性已得到充分证明，特别是在相应的风险级别已经通过协商以及实施隐患辨识、风险评估、优先级确定以及实施风险控制流程确定的情况下。在这个流程中，相应的风险级别在设定风险控制措施优先级过程中是一个至关重要的因素。一旦风险控制措施到位，风险就能在合理实用的情况下消除或降低。

评估风险不仅仅涉及到降低风险评分！这是一个敏感点，但是也是重要的一点，特别是从身在工作环境中的操作员观点上看。他们希望知道与隐患相关的风险将在何时、以何种方

式处理，从而确保工作环境是安全的。在这种情况下，对剩余风险的争论对实现零伤害目标基本没有什么正面价值。

2.3.2. 隐患和风险管理评估流程

在一个独立机构中，可能还需要解决许多种不同的隐患和风险流程。请见表 6。

表 6：可能要求的潜在隐患辨识和风险评估流程

隐患和风险流程
设备风险评估流程
受限空间风险评估流程
危险物品风险评估流程
高温作业风险评估流程
挖掘风险评估流程
有害物质风险评估流程
电气风险评估流程
跌落风险评估流程
噪声风险评估流程
石棉风险评估流程
环境风险评估流程
人工处理风险评估流程
人体工程学风险评估流程
交通风险评估流程
保险评估流程

以上清单并不详尽，但要充分考虑到工作场所中的所有潜在隐患类型，以及需用采用什么流程来辨识这些隐患。其中一些流程将有具体的情境，而诸如石棉、受限空间、包括危险物品和有害物质在内的工作场所物质、人工处理、设备、环境等在内的一些流程则有必须解决的法律要求。请见第 3 步

确定合规性要求。建立风险评估流程时，必须拥有所有必要资料，这点很重要。

准备隐患辨识、风险评估和风险控制时，实用安全方法是从制作各种不同事务的登记表开始，比如设备、工作场所物质以及其它设备和结构的登记表。这些登记表构成变更协议规范化管理的基础，同时也构成控制的基础。这对于那些有法规要求的流程尤为重要，对于确保以下内容十分重要：

1. 有可用的评估媒介——这应包括来自法律、国家标准、公司指导方针以及最佳实践的清单。
2. 拥有记录观察结果的系统——表格、摄像机等。
3. 有适当的人员参与——包括车间基层员工。必须拥有一个协商流程。
4. 拥有概括发现结果的方法
5. 拥有记录、区分优先次序以及跟踪行动的方法

所有这些部分对于流程的成功与否至关重要，因此需要努力确保它们全部到位。请见图 15。

对于许多机构来说，动手开始是一项重大问题。风险评估不仅耗费时间，而且还要耗费相当多的精力。而且风险评估可能会非常主观，特别是没有准备背景资料的时候。这应包括拥有对管理体系差距、合规性问题、工作环境以及预期隐患要求管理的了解。

由于风险评估流程中的大部分参与者事实上不是安全人员，安全人员有责任向风险评估团提供此类相关建议、培训和指导，以便能够顺利执行风险评估。这同时也意味着，如果评估范围超出他们自身的专业知识水平，则应获取相应专业人员或其他人员的建议。

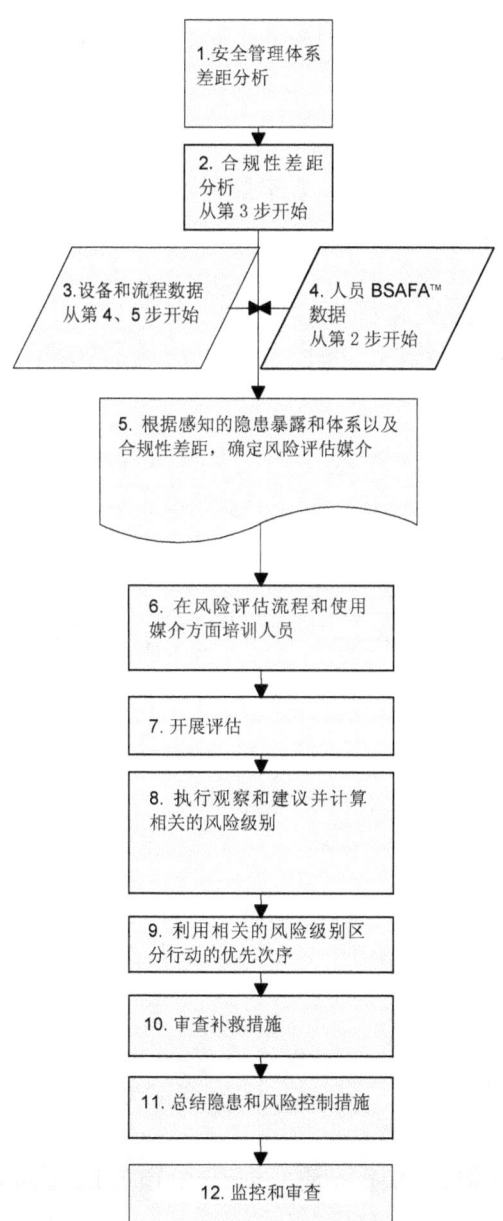

图 15 实用安全隐患辨识和风险评估管理流程

在这一方面，确定隐患辨识和风险评估媒介可能非常有用。这些媒介可能包括：

1. 法规要求，如法规
2. 国家指导方针和操作规范
3. 标准要求
4. 行业最佳实践
5. 公司政策和程序要求
6. 各种登记表，如设备、工作场所物质、吊索和链条等

这些媒介可由安全人员或在相关领域拥有专业知识的其他人员确定。例如图 16 中的设备隐患清单。

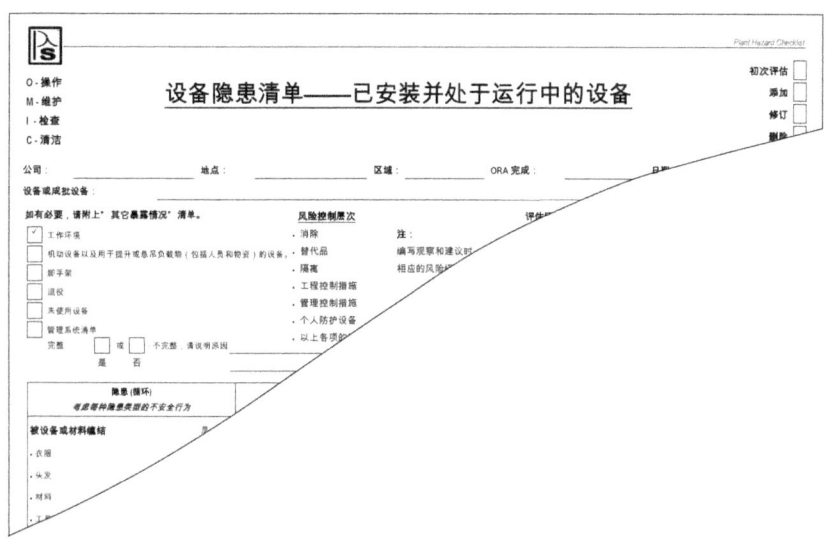

图 16 设备隐患清单

设备隐患和风险评估流程通常是一个很好的起点，特别是在制造生产环境中，因为它经常会突出调查的其它领域，尤其是使用标准隐患清单的情况下。

其中需要解决的最困难方面是工作场所物质。这些物质通常受许多要求的高度管制，且在这一方面通常难以找到专家意

见。监管要求通常意味着物质评估的不同类型和级别，根据监管定义，可以是：

- 危险且具有危害性
- 危险但不具有危害性
- 有危害性但不危险
- 不属于上述任何一项，但有不同性质的健康风险或其它风险。

出于基本认识水平，我将这些物质都称为工作场所物质。工作场所物质登记表在这是一项重要工具，用于记录物质的名称、位置以及特性。这项工具能确保：

- 可以控制变更管理
- 可以控制材料安全数据表
- 可以制作危险物品清单和其它清单
- 可以适当优先考虑、记录和控制有害及隐患物品的工作场所评估
- 可以管理特殊的健康监护需求

这里所述的方法与其它任何评估流程没有什么区别，但对执行外部环境检查十分重要，以便找出哪些法规、操作规范、标准以及基准实践适用。一旦这些都了解了，采取的方法就是提取这些要求的要点添加进工作场所登记表和清单中。这对于参与评估流程的非专业人员会比较容易，如图17。

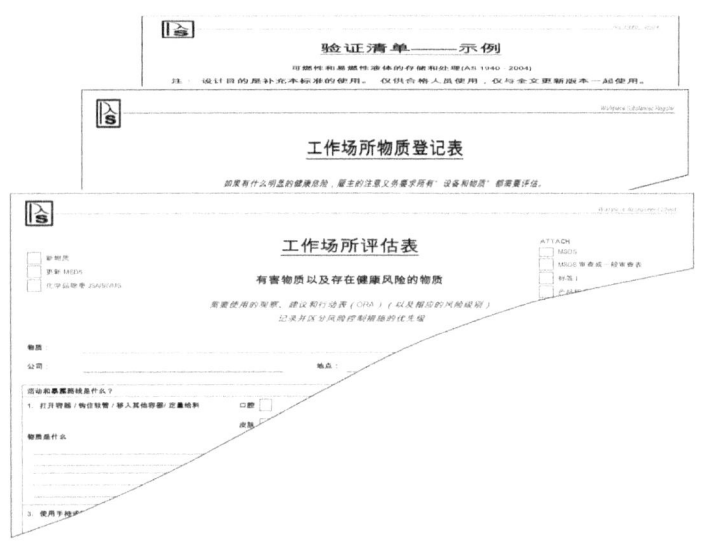

图 17 工作场所物质评估媒介

采用这种方式，安全人员还可以使用评估流程向参与者传授一些宝贵知识。

但是，必须注意的是，这种方法不会将风险评估降至流于形式的程度。收集客观证据十分重要。随着数码摄影的出现，许多数据收集工作可以通过拍照完成。需要注意的是，在媒介设计过程中，要为团队成员保留一些灵活性，让成员收集到无法预料的隐患和风险。

风险评估中最困难的问题是让适当的人员参与进来。在繁忙的工作环境中，这一点总是很难实现，但是团队的集体智慧总是会比个人的结果更好。

应该考虑到以下人员的参与：

    a.   安全人员
    b.   安全工作区代表
    c.   在相关区域工作的员工
    d.   工作区的主管

e.　　相关领域的专家

f.　　还应考虑维护人员

图 18. 隐患辨识和风险评估中不要忘记维护人员 [21]

让在各区域工作的员工参与，其重要性不可忽视。但通常，这些员工却被排除在风险评估流程之外；这是错误的，因为正是这些人员需要每天在隐患当中或附近工作。他们也是实施控制措施风险措施后，最终对风险是否能够接受有最大发言权的人员。他们还是花时间了解各自区域中隐患相关风险的最大受益者。

另一个需要参与的人群就是维护人员。无论是员工还是承包商，这些维护人员都需要管理不同级别的风险，并且能够提供宝贵的意见。通常，他们在前线工作时，需要去除防护装置，且工作也更受环境影响，正常的操作风险控制措施也可能撤除。因此，他们对隐患的了解应该也必须更为深刻。这种了解能够对风险评估成果做出很大贡献。

另一个考虑因素就是选择的团队是否具备必要的专业知识。这应该从他们在风险评估流程本身中具有的能力出发。经过培训吗？同样重要的还有他们是否有足够能力在团队中解决手头问题。有些风险控制措施可能需要来自接受过专业培训的专家意见。这些专家应作为团队的组成部分参与。不要让他们在脱离您自己人员的情况下独立制作报告。因为那样会减少您自己人员的学习机会，不能让他们参与专家评估；因为假设或遗漏，这最终则会导致产生不合格的结果。

隐患辨识和风险评估可能会是一个复杂的多层面任务，但它也是一个必须系统、慎重解决的任务。准备并了解潜在隐患的性质与了解法律及公司或参考性标准要求一样关键。对于一些更常见的风险评估，请见附录中所示的一组示例流程。

2.4. 第 2 步——确定理想人员要求 BSAFA™

安全中行为的重要性使用司各特·盖勒(Scott Geller)[22] 和托马斯·克劳斯(Thomas Krause) [23, 24] 的作品更容易理解。

在第 1 章中，我们分析了调整人员的行为、技能、态度、感觉以及态度(BSAFA™)与机构成果保持一致的重要性。相同的实践方法需要在设备、流程或工作级别中复制，以便确定需要什么样的 BSAFA™。这与辨识隐患一样重要，但花时间来做这件事的机构却很少。就像质量协会在上世纪 80 年代认识到质量是不能检查一样，安全协会必须了解安全也是不能检查的。这关系到保证安全。我经常看到执行行为观察的人员通常发现他们自己根本不知道要看什么。这就导致需要观察更多的情况，更糟的是，员工可能会感觉有警察等着他们犯错误。更好的方法就是确定期望的 BSAFA™，并与员工沟通，培训员工，然后再监督，也就是坦率告诉员工期望是什么。请见图 19。

BSAFA™也可以用在招募新员工过程中，指导选择，确保选择的员工与工作要求最一致。在员工招募过程中，我经常使用提问、情景模拟和工作技能练习来考察一个人对于 BSAFA™要求的响应。若要完成任何此类工作，则需要确定这些 BSAFA™。

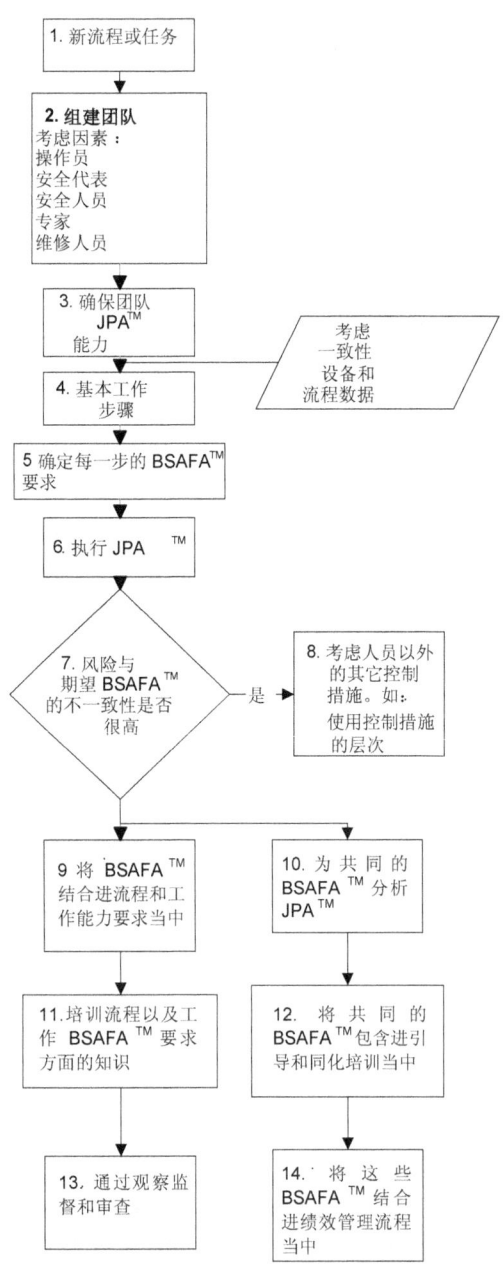

图 19 BSAFA™ 确定流程

这意味着在确定流程和工作能力模型时，需要考虑 BSAFA™ 要素。对于流程来说，这可表示在流程的关键点加入 BSAFA™。特殊工作也可能要求 BSAFA™能力。若要了解这两个要求，需要执行一次《工作人员分析(JPA)™》。图 20。

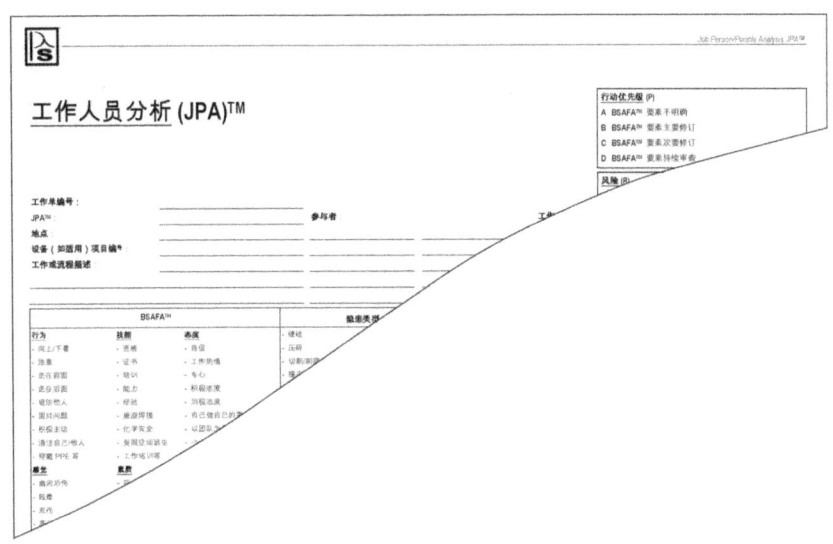

图 20 工作人员分析表摘要

这个流程与工作安全分析差不多，只不过这次的焦点在于确定每个步骤的期望 BSAFA™要求，而不是确定隐患。这个流程还分析了没有表现出这些期望 BSAFA™要求的员工相关风险。对后果的认识可以作为员工的强大激励因素，指导是否需要超出 BSAFA™意识或修改范围的其它控制措施。

在一段时间内，您会发现在不同的 JPA™ 中会突出一些共同的 BSAFA™要求。这些可能是您所在行业类型和工作场所的共同 BSAFA™要求。花一些精力将这些要求结合进统一的清单中是很值得的。然后这些共同的 BSAFA™要求应构成招募、引导和同化流程的组成部分，并且应考虑将其包含进绩效审核流程中。

除了这些共同的 BSAFA™要求以外，还将有一些特别针对某项特定任务的 BSAFA™要求。需要确定这些要求，并将其包含在该工作的能力模型当中。请见第 6 步。在个人第一次工作之前，需要针对这些模型完成个人评估。个人评估可能包括书面和口头评估，但是如果 BSAFA™能得到适当处理，则必须包括验证性评估。

如同我们在第 1 章中得出的结论，如果没有实施必要的支持体系，所有这些评估都可能是徒然无用的。在意识水平上，监督管理层还必须了解必要的 BSAFA™要求。这些能够影响并引导态度和行为的系统强化物，对于整体是否取得成功至关重要。主流文化对此影响很大。

2.5. 第 3 步——评估合规性

合规性是关于理解社区对于安全方面的期望属于什么水平。合规性要求应视作风险控制措施的最低标准，无论是否存在公司内部政策，也必须到位。这意味着符合以下各项规定：

1. 法律
2. 法规
3. 操作规范
4. 标准
5. 行业指南
6. 特定机构指南
7. 委员会章程
8. 地方政府等

无论在什么行业，都必须对可能的合规性问题有一个基本了解。这可以从了解管辖区域的法律、法规和操作规范开始。安全人员必须能够在这一方面支持管理层。他们必须确保有可用的查看权，而且了解哪一项法律适用于他们公司。通常最好使用合规性登记表来实现这个目标。合规性登记表可以是由一份简单的电子数据表构成，其中列出适当的法律以及该法律是如何适用于机构的。请见图 21。如果法律发生更改，则登记表也需要更新。在确定哪些要求适用后，就能解决要求的应用问题。同样，对于标准来说，摘取标准添加进类似清单中相当有用，能够为人们提供一种实用方式来分析特定问题。请见图 22。通常对于专业安全人员来说，这种方式很好，可以将知识传递给其他人，并增强标准解释的能力。

联邦				
法案	法规和标准	是否适用 是	否	状态
1975年澳大利亚遗产托管法				
工作场所有害物质控制-1994年国家模范法规				
1992年残障歧视保护法				
1992年隐私物种保护法				
1974年环境保护法（摘要影响）				
	环境保护（摘要影响）法规			
	环境保护（摘要影响）管理程序			
1989年有害废弃物（进出口监管）控制法（1996年6月修订）（1996年12月修订）				
	1990年有害废弃物（进出口）（费用）法规（1999年2月修订）			
有害废弃物（进出口监管）法规（1996年12月起生效）				
	有害废弃物（进出口监管）法规（OECD决议）法规（1996年12月起生效）（1999年5月修订）			
1989年工业化学品（测报和评估）法（1996年10月修订）				
	1990年工业化学品（测报和评估）法规（1985年12月修订）（1997年7月修订）（19997年8月修订-1997年12月开始生效）			

图 21 合规性登记表摘录

验证清单——示例

可燃性和易燃性液体的存储和处理(AS 1940 - 2004)

AS 1940 - 2004

注： 设计目的是补充本标准的使用。 仅供合格人员使用，仅与全文更新版本一起使用。

对于不合规的地方，完成《观察、建议和行动》表，详细说明实现相当目标所采取的行动。

标准		理解		相关		遵守		ORA	
		是	否	是	否	是	否	是	否
第1节	**范围和概述**								
第2节	**次要存储**								
2.1	范围								
2.2.1	次要存储数量								
2.2.2	PG I								
2.2.3	多次存储								
2.2.4	隔离								
2.2.5	开敞空地								
2.2.6	施工现场								
2.3.1	预防措施（地...								
2.3.2									

图 22 可燃性和易燃性液体的存储和处理清单摘录

符合标准要求并不总是法定义务(除非其构成法规)，但是应该确定在制定安全控制措施时可以从这些标准中获得哪些指导。

通常，可以获取经过批准并能提供如何符合法规要求的操作规范。虽然并不强制要求遵守这些操作规范，但是如果不遵守，则可能违反法律。

此外，国家安全机构与行业协会将会通过国家标准和其它指导方针等手段提供资料。这些资料都可以免费自由获取，其中提供了在工作场所中可以使用的重要资料。

采用这种实用方法表示合规性能够成为安全人员的助手，帮助安全人员设定需要实施的最低控制措施标准。<u>最低</u>一词的使用不像符合法律、标准要求一样，未必会产生一个安全工作场所。最好是将它们看作是实现安全工作场所这一目标的基石。

2.6. 第 4 步——确保安全的实际工作环境

实用安全流程的设计是为了让每个步骤能够按顺序完成。这里有个非常充分的理由。没有前述 1-3 步的内容，探讨第 4 步的要求则毫无意义。

在这一步中，我们将讨论实际工作环境。通常需要处理的流程有：

- 应急管理流程

- 基本服务流程

- 急救和卫生流程

- 标志流程

- 安全流程

- 设备防护流程

- 设备维护流程

- 移动设备流程

- 照明管理流程

- 电磁辐射管理流程

- 石棉管理流程

- 领导管理流程

- 起重设备管理流程

- 伤残流程

- 在家工作流程

- 废弃物管理

- 交通管理

- 工作布置

这里的目的并不是检查每个流程，而是为了突出实际工作环境的重要性及其对安全的影响。

说到实际工作环境，我是指技术和设施。有时，这些技术和设施已陈旧过时，有许多负面的遗留。即使使用新的技术和设施，也可能会有问题。这些技术和设施的设计人员通常没有全面考虑到他们的决定对于人员安全的影响。而考虑所有情况之后，就不再是新或旧的争论了，而是关于建立一个安全的工作环境。

在规划任何变化时，无论是现有工作场所、建筑物或一项新技术的变化，都需要充分考虑到安全问题。这就意味着让各级人员参与决策。意思是实施第 1 至 3 步，并将该资料纳入设计审查流程中。各级人员的沟通和承诺对于这一方面成功极为重要。

技术通常是消除隐患的好帮手。但是，技术成本比较高，而且技术本身通常会产生一些必须解决的新问题。所以如果单纯依赖技术来改善安全问题，则需要特别小心。

还有一个通常被忽略但又非常值得提到的问题就是"美观性"。我不知道你们是怎么样的，但是有一些地方，我一走进去，立刻就会有一种不安全感；还有一些地方，我会感到非常舒服。这种效果已经超出物理结构和技术本身所发挥的作用。它涉及到物理结构和技术的呈现方式。色调、布局、照明、布告等都是构成营造一种看起来且感觉起来都更为安全的环境要素。不仅如此，实际环境还能传达安全在这里很重要的讯息。可能还需要设置安全室内设计师这一职位！另请参阅"沟通"这一章节的内容。 2.2.2.6

2.7. 第 5 步——制定安全工作制度

制定安全工作制度时，需要了解业务的基本流程。这需要在最高级别完成，然后分解成需要操作的各个独立流程。

2.7.1. 安全流程

可能需要实施的安全流程会因公司的不同而有很大区别。在安全工作制度方面需要考虑的因素有：

- 招募流程

- 引导和同化流程

- 培训流程

- 工作指导流程

- 特定情境或特别工作流程

- 电气工作流程

- 手提式工具流程

- 材料管理流程

- 工作场所物质流程

- 内务管理流程

- 办公室安全流程

- 吸烟、药物滥用和饮酒管理流程

- 产品设计流程

- 项目管理流程

- 采购流程

- 运输流程

- 远程办公流程

- 旅行安全流程

- 承包商流程

- 收购和业务剥离流程

- 废弃物处理流程等

这并不是一份详尽的清单，但它说明了在安全中存在许多需要适当制定并管理的流程。将这份清单与其它步骤中的要求相结合，清单就更长了。因此，为了能够同时满足公司以及法定义务的需求，安全人员有义务向管理层提供有关需要制定并实施哪些流程的建议。这需要按第 1 章所述的慎重考虑和规划。其中一个最重要的方面就是要尝试将安全流程与其它正常活动相结合，避免出现将可能的安全视作是附属品的情况。如果能够实现这个目标，安全将成为企业及其文化(即企业处理事情的方式)中不可分割的一部分。附录中提供有更为常见的安全流程所要求的流程示例。

2.7.2.　制定程序

在制定程序过程中，前述所有实用安全步骤均适用。请见图 23。首先需要完成《工作安全分析(JSA)》(注意：有时称作《安全工作方法说明 (SWMS) 》或者《工作方法说明 (WMS)》以及《工作人员分析(JPA)™》。还需要第 3 步评估合规性中的要求，确保大家都了解基本级别的要求。

虽然《工作人员分析(JPA)™》之前已讨论过，但是工作安全分析还需要进一步讨论。请见图 24。

这个工具如果使用得当，将对帮助制定安全工作制度十分有用。它涉及到注意流程的基本步骤以及与该步骤有关的隐患。然后再针对风险和提议的控制措施评估这些隐患。在提出控制措施时，必须考虑到一个级别问题，这个层次通常被称作是控制措施级别。请见表 7。

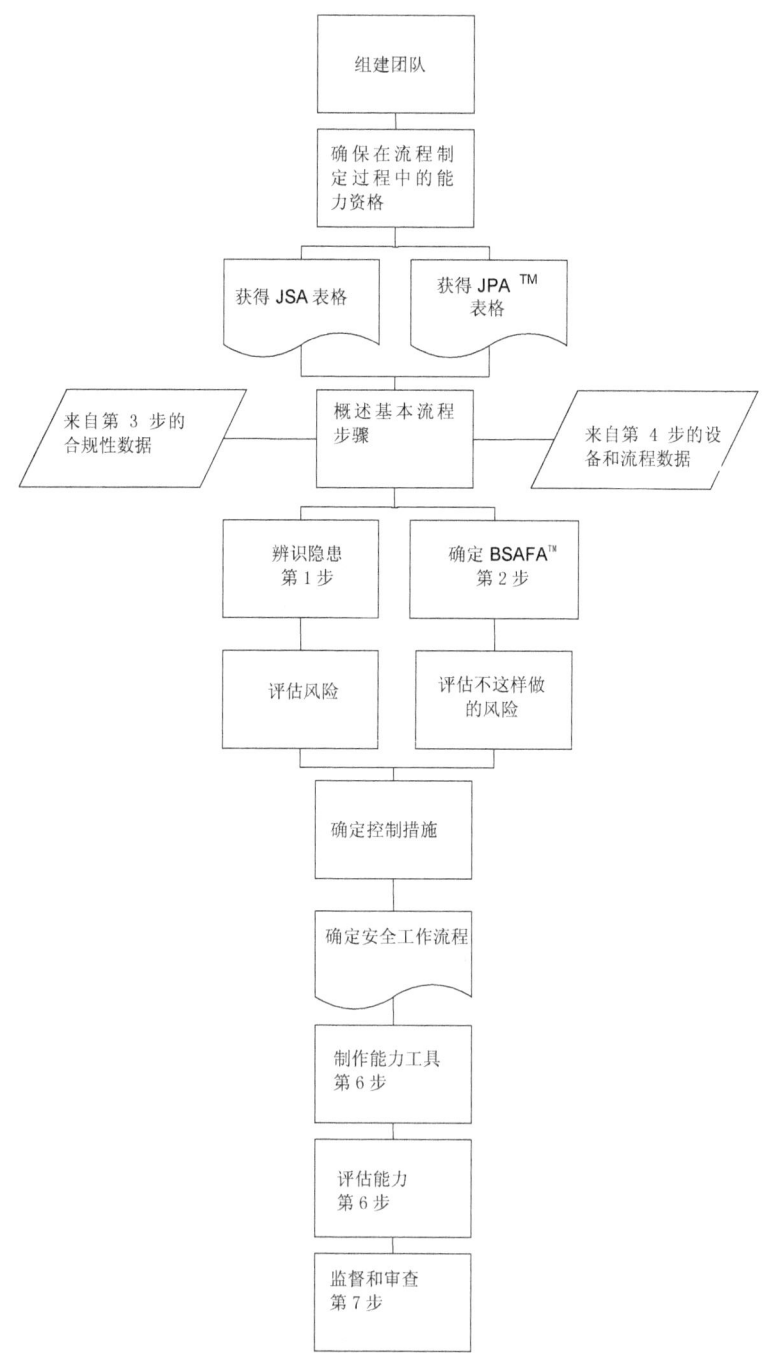

图 23 制定程序

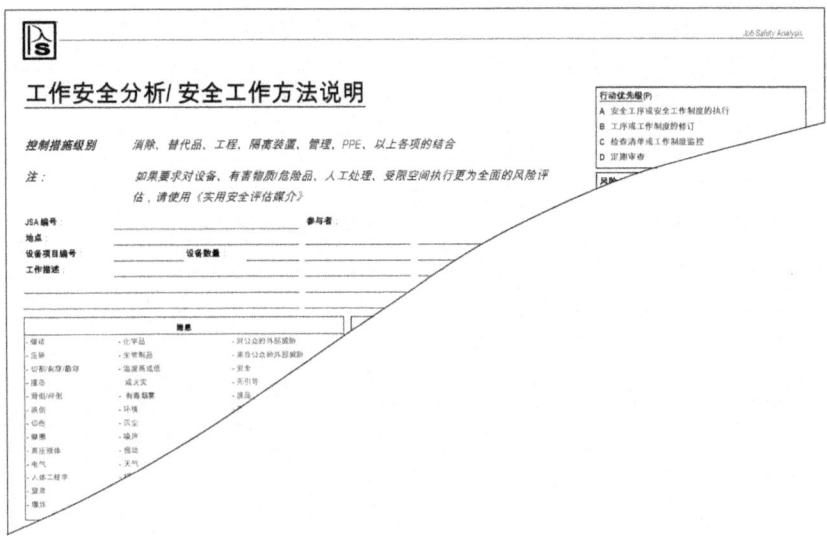

图 24 工作安全分析表的摘录

表 7：控制措施级别

消除	替代品	工程师	隔离	管理	PPE
不需加以说明	较少毒性物质替代流程	防护装置、联动装置、要塞钥匙、安全光幕、限位开关、停/走	路障、旗布、链条、栅栏、屏障、路口锥、DG柜、防火墙	工作安全分析、标定锁定、现场规则、标作操作程序、MSDS、工具箱、观察员、挖掘前致电查询、内务管理培训/许可证、指挥、受限空间、叉车、EWP、硬度、起重机、重型车辆、引导	根据MSDS 根据具体情况
最合乎需要				最不合乎需要	

这个级别很重要，因为它反应了各种不同级别的合乎需要性，从左边的最合乎需要到右边的最不合乎需要。这是因为从左到右看过来，越往右对人的依赖性就越高。

如图 23 所示，在确定控制措施时，合规性是一项重要依据。通常还可能存在法律问题，因此评价控制措施时应考虑标准或行业惯例。因此，在这些控制措施成为制定《标作操作程序(SOP)》基础的过程中，必须要有正确的人员参与。

有意思的是，这里存在一个任何程序制定人员都面临的两难选择；它关系到 SOP 中要求的细节级别与培训级别之间可能存在的权衡。我经常会看到一些长达好几页、有几千字篇幅写成的书面程序。虽然我相信程序的最初作者本意是好的，但是对于车间基层员工来说，这种程序的实际价值只是用来收集灰尘罢了。因此，答案是什么？在我看来，程序文件要保持简单、保持全面，然后使用详细的能力要求支持资料。

程序若要有效，就需要投合各种类型的思维偏好。无论员工的思维方式属于左脑思维还是右脑思维，都没有关系。但是，这意味着程序文件需要直观、合乎逻辑且详尽，如图 25。在这个例子中，使用了来自 Talsico International[25] 的属性模板，实现了很好的平衡。其中包含了安全及其它提示、基本的流程图、照片以及其它检查符号。以一种简明的方式呈现重要信息。创建这个细节级别的 SOP 需要花费很多精力，但是非常值得。提示能够起到特别重要的作用，可以用来强调隐患及其风险控制措施。另一方面，通过提取需要强调的关键问题且仅仅写下这些关键问题，能够将信息添加进非常基本但极为有效的工作说明中。请见图 26。

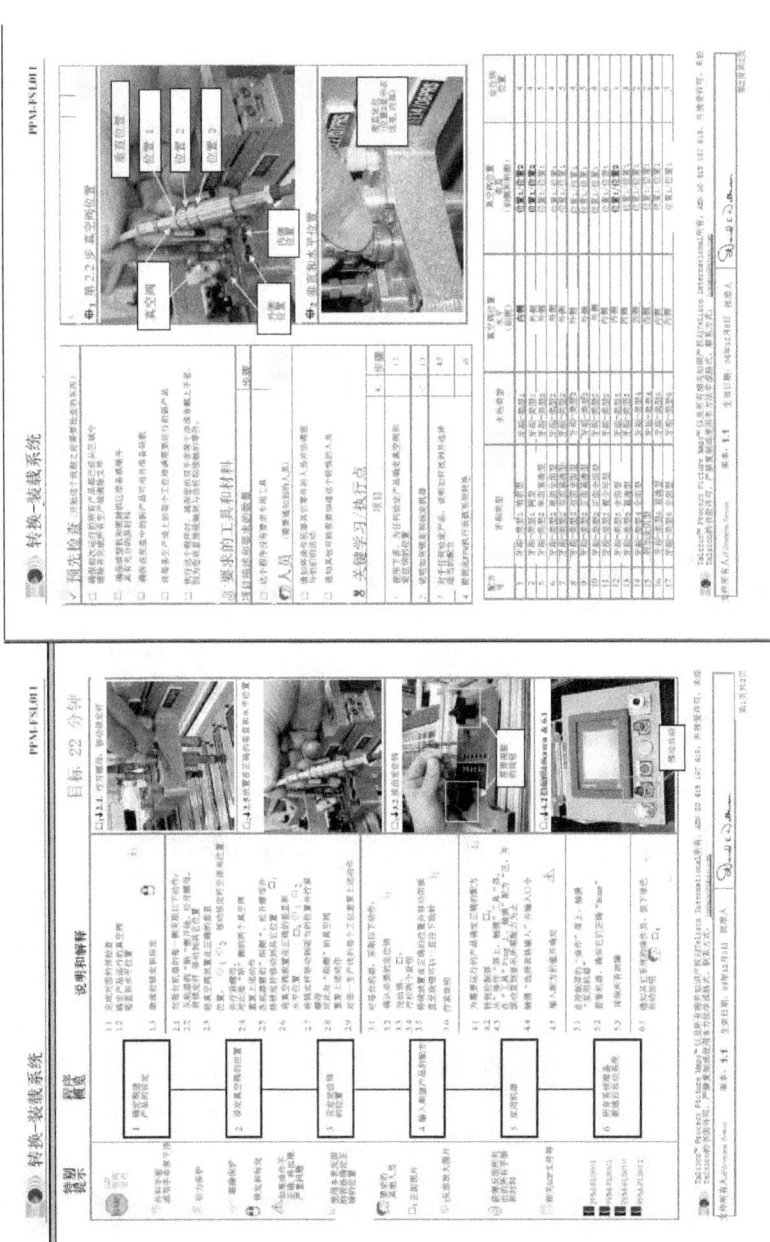

图 25 标准操作程序摘录 [25]

未经 Talsico International 许可，不得复制。

摘自 www.Talsico.com Talsico ® Process Picture Maps™ 的示例

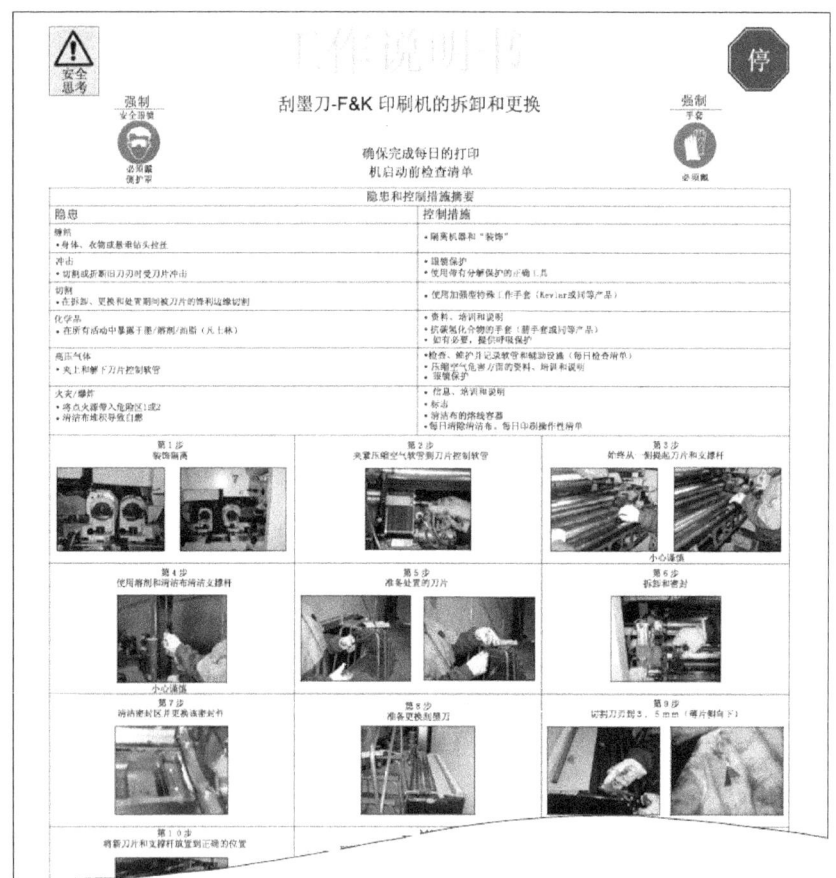

图 26 使用隐患清单及风险控制摘要证明实用安全方法[30]的工作说明示例

2.8.第 6 步 评估能力

虽然能力评估这种想法在我们的教育体制中已经存在一段时间，但是说实话，在各行业中，还只是最近几年才开始掌握这种应用方法。如果您还未听说过"伙伴"式的培训，那么可以告诉您的是，这个时代已经不复存在了。现在，让一名新员工跟随一名有经验的老员工学习技能，是远远不够的。在员工第一次开始工作之前，就需要有一个评估能力的流程。事实上，能力评估流程应该从人才选择阶段开始。

在决定谁能够进入机构时，招聘把关人员的角色极为重要。人才选择流程现在已经发展到一个较为完善的水平，其中人格特征剖析和能力测试现在都成为普遍的做法。我在这一方面有一些经验，但是如果说所有机构都知道为什么需要测试或者测试结果到底意味着什么，我对此持保留态度。我提倡要以正确的方式使用这些测试。

实用安全方法应从期望的 BSAFA™要求开始。在企业层面，这些要求是为了整体文化的一致性而确定的，而在工作层面，则是为了工作一致性确定。在过去几年中，我发现了一个关键问题，就是您可以选择安全倾向更高的人员。人才选择流程的复杂性将根据工作性质的不同而不同。这可能需要许多方面，如表 8 所示。

表 8：人才选择流程组成部分

1. 能力测试	数字推理、机械推理、抽象推理、口头推理、空间推理。衡量潜在的上升趋势以及当前的综合能力
2. 人格特征剖析	确定文化适应性
3. 工作技能测试	工作能力
4. 角色扮演	模拟工作环境的挑战
5. 面试	面对面
6. 背景调查	之前的表现

然而，在开始任何人才选择流程之前，还需要花一点时间了解工作要求。实用安全方法如图 27 所示。

在该流程中，首先需要为特定职位建立一个绩效模型。我发现，建立绩效模型的最佳方式是要从某一特定工作或职位的最佳表现者入手并确定他们做了什么。工作区的主管知道这些人员是谁，但是他们不一定知道是什么原因让他们的表现比别人好。收集这些资料的过程可以通过访谈和观察技巧完成。需要查看的是流程知识、特殊技能要求以及他们能证明对工作至关重要的任何特殊行为或态度。如果流程有可变性，比如流程不按标准执行时，则可以收集到一些很有趣的资料。我经常发现这才是让他们表现突出的原因。有许多不同的工具都可以用来检查这一点，但我发现，其中一种非常有用的工具就是公共差异图 [26]。请见图 28。

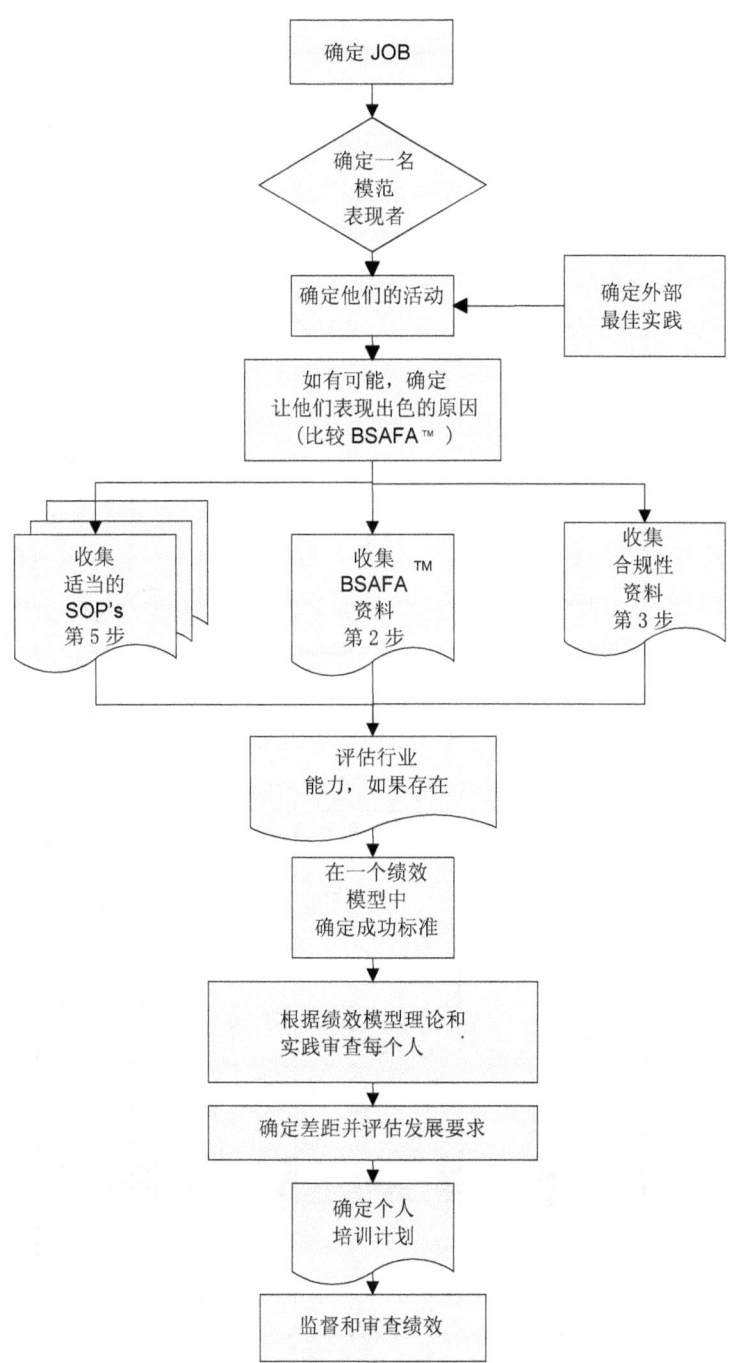

图 27 制作绩效模型并评估能力

流程步骤	频率	后果	差异
切割钢板	每日	损失工时伤害	1
	每月	不合格零件/LTI	2
	每月	不合格零件/LTI	3
	很少	废料/成本	4
	很少	不合格零件	2 ... 6
	每日	零件损失	7
焊接钢板	每月	不合格零件	6 ... 8
	很少	不合格零件	9
	很少	不合格零件	4 ... 6 ... 10
	很少	损失工时伤害	11
插入件	很少	不合格零件	2 ... 4 ... 8 9 10 ... 12
	每周	不合格零件	5 ... 13
加贴合规性标签	每日	不合格零件	7 ... 14

差异编号：
1 确保防护装置到位
2 边缘有毛刺
3 锯齿块缺口
4 不直
5 废钢板
6 边缘不平行
7 加贴标签
8 焊缝金属飞溅
9 未焊透
10 焊接时零件翘曲
11 焊接刺眼
12 零件走形
13 零件不符合规范
14 质量低劣

	差异
安全差异摘要	1 2 3 ... 11
环境差异摘要	2 3 4 5 6 7 8 9 10 ... 14
流程差异摘要	2 3 4 5 6 7 8 9 10 12 13 14

图 28 差异图

这些图表对于检查流程并获知可能产生的问题非常有用。通常，开一次集思广益型的会议，对于确定大部分的问题可能非常有用，但要发现更多的问题，却始终要回到模范表现者上来。

我以前也没有意识到这一点的重要性，直到有一天，我正在访问一名操作员时，他只是打断我，抓起一把黄油枪，为一个轴承添加润滑脂。他回来后，我问他刚刚在做什么。他对我说："您没听到轴承发出的鸣叫声吗？如果我没添加润滑脂，我们需要停机 2 小时，按目前这样，我们可以在下一次替换设备时将其更换。"这就是造就模范表现者的行动类型，也就是需要收集这些知识告诉其他人。

在如图 28 所示的示例中，我们已经收集到安全、环境以及流程的差异。在大多数情况下，特别是对于没有什么经验的人来说，可能会将这些方面分开完成。这个流程与工作安全分析或者工作人员分析 JPA^{TM} 类似，第一步都是要概述工作步骤。下一步是要确定可能会出错的普遍问题、发生的频率以及可能的后果。在这个阶段，只需收集到数据就足够了，我们需要的是信息从操作员自由流通到访谈人员。随后可以确定这些差异之间的相互关系，以便确定下游影响。

在示例所示的"差异 2——边缘有毛口"可以归因于"差异 13——零件不符合规范"。这是用在差异 13 那行中输入数字 3 表示的。确定这些相互关系有助于通过考虑每个差异的下游影响、频率和后果来区分优先次序。

最终，在图表底部总结出各种不同差异对于安全、环境以及流程绩效的影响。

建立差异图后，应为每项差异确定控制措施，并按帕累托原则确定优先次序，即从最有可能到最不可能。通过这种方式，有可能获得对流程非常重要的关键认识。请见表 9。

表 9：差异控制表

流程步骤	差异	控制措施
切割钢板	边缘有毛口	1. 轧刀间隙太宽——按 SOP 1234 检查并调整
		2. 刀刃不锋利——按 SOP 5678 刀刃的锋利程度
		等等

如上表所示，根据收集到的资料，最有可能的控制措施按帕累托原则从最有可能到最不可能的顺序列出。可以使用这些差异控制表，连同操作程序、期望的行为以及合规性因素，将流程资料添加进绩效模型中。某项特定工作的绩效模型组成部分可能包括：

1. 职位描述

2. 先决条件要求
   a. 技能要求
   b. 共同的核心行为/价值观要求
   c. 内部培训
   d. 入职前要求
   e. 身体素质

3. 流程绩效要求
   a. 流程步骤
   b. 关键活动和参考 SOP
   c. 能力
   d. 态度和行为
   e. 绩效指标
   f. 障碍/差异控制

4. 书面评估

5. 经论证的绩效评估

6. 口头评估。

以上所列并不详尽，但在这里需要详尽的资料。绩效模型是指到目前为止收集到的所有资料都经过整理和总结，能够教给其他人。如图 29 的示例所示。这是切割机焊接人员绩效模型的摘录。第一页中包含了这个职位的组成部分与先决条件。其它两页包含了安全和流程控制的能力群组示例。每个群组中都有一组需要处理的活动和能力。还与标准操作程序以及行为要素建立联系。其它共有的能力群组可能包括环境、质量、财务/成本以及维护等。这些模型提供了一个共有的要求评估，并能根据所发现的差距为个人提供量身定制的干预措施。这能加快能力发展以及知识传递的速度。

根据上述的每项标准，评估活动涉及到书面评估、口头评估、经论证的评估或三者相结合的评估方法。对于安全问题，经论证的绩效评估应是主要的评估方法。同时也不能忽略评估员的能力。为确保成功，评估员务必要经过培训。

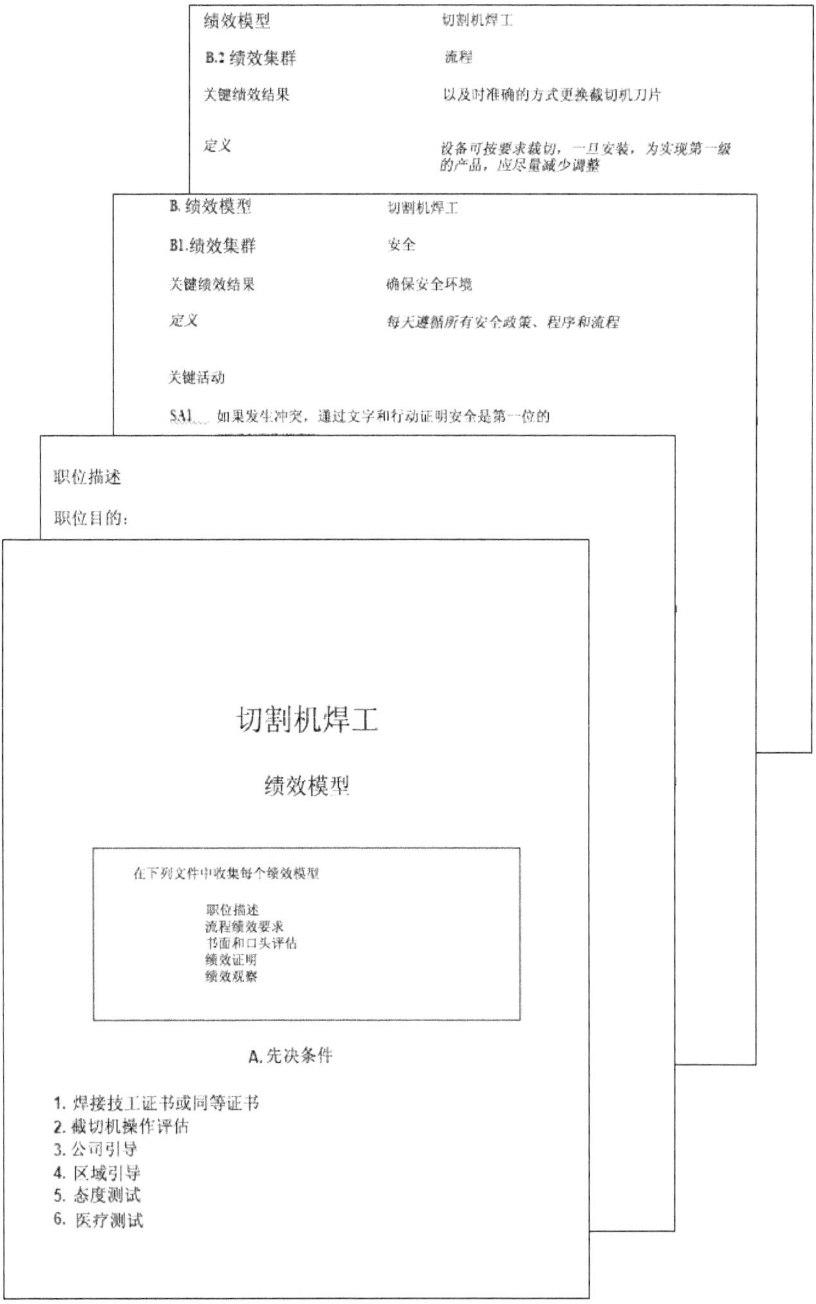

绩效模型   切割机焊工

B.2 绩效集群   流程

关键绩效结果   以及时准确的方式更换截切机刀片

定义   设备可按要求截切，一旦安装，为实现第一级
          的产品，应尽量减少调整

B.绩效模型   切割机焊工

B1.绩效集群   安全

关键绩效结果   确保安全环境

定义   每天遵循所有安全政策、程序和流程

关键活动

SA1 如果发生冲突，通过文字和行动证明安全是第一位的

职位描述

职位目的：

切割机焊工

绩效模型

在下列文件中收集每个绩效模型

职位描述
流程绩效要求
书面和口头评估
绩效证明
绩效观察

A.先决条件

1. 焊接技工证书或同等证书
2. 截切机操作评估
3. 公司引导
4. 区域引导
5. 态度测试
6. 医疗测试

图 29 绩效模型摘录

在澳大利亚，可将评估员的四级证书培训课程视为最低要求。若要承诺所有这些时间和精力，就需要确保管理层的承诺。若要同时实现时间和资源方面的期望结果，则需要投入相当大的精力。这需要得到各级人员的理解和合作，还需要安全、质量、环境、人力资源以及管理监督人员的重要贡献，但对于安全和增加的生产力成果方面的好处也是巨大的。在初步的人才选择流程中，可以使用这些相同的模型更好地了解应聘者的满足要求情况。

在这一方面任何主管使用的关键工具是技能/能力矩阵。这是了解员工能力的关键工具，有助于任务分配。

最近，我将这种传统用法做了扩展，使用 BSAFA™方法更好地反映出能力。我将 BSAFA™包含进传统矩阵以及绩效模型中所定义的工作能力中。请见表 10。在该示例中，BSAFA™在决定是否选择人员方面成为硬性要求，没有协商余地。核心能力(CC)是在机构中制定的，为每个人提供了一条发展轨道。我发现，将这些能力分为 2 个部分很有作用，分别是核心能力(CC)和核心能力的应用(AP)。在示例中，有两名焊工，他们都属于技工。CC1-CC4 列出了每名技工必须通过的核心能力。这些核心能力是不同生产环境部分的先决条件要求。如示例所示，CC1 是 AP1 的先决条件。在该示例中，焊工必须证明他们能够按照 SOP 1234 的要求将 CC1 能力应用到产品 1 中。在这个第二阶段才允许焊工进入生产环境。应用能力 AP1 允许操作员制作产品。

表 10：技能/能力矩阵示例

要求	衡量手段	人员 1	人员 2	等等
能力分数	口头 >60 数字 > 50	V 65 N 60	V 70 N 80	
B	注意细节	合格	合格	
S	焊接	技工证书	技工证书	
A	工作热情	有	有	
F	工作自豪感	有	有	
A	20/20 视力	合格	合格	
核心能力(CC)				
CC1	低碳钢金属焊丝惰性气体保护焊	合格	合格	
CC2	铝金属焊丝惰性气体保护焊	合格	NYC	
CC3	低碳钢垂直金属焊丝惰性气体保护焊	合格	NYC	
CC4	低碳钢药芯焊	NYC	NYC	
应用核心能力(AP)				
AP1	按照 SOP 1234 将 CC1 应用到产品 1，6 角焊	NYC	合格	
等				

在每位焊工第一次工作之前，必须按照规定要求证明其能力。这是所有安全法规中的标准要求。对我来说，让人员理解工作要求还能培养业务意识。

2.9. 第 7 步——监控和审核绩效

最后一步是监控和审核绩效。可惜的是，许多公司都将这一步作为他们安全历程的起点。如在前述章节所述，为确保成功，我们需要花费非常大的精力提供适当的基础设施、资料、指导和培训。

监控是指根据期望成果，衡量安全制度实施的绩效和效果。通常需要考虑的流程有：

1. 衡量和报告

2. 审核

3. 内务管理和工作场所检查

4. 安全观查

5. 健康评估

6. 康复

7. 事故调查

8. 纠正措施

9. 变更管理

10. 安全认可

11. 记录管理

2.9.1. 衡量和报告

建立需要实施的衡量和报告流程时，需要非常小心谨慎。基本上，这些流程可以分成两个方面。

1. 潜在衡量指标
2. 主动衡量指标

上世纪七十年代早期，伯德(Bird)[27] 开发了一种安全三角形，它已经成为指导管理层考虑哪些衡量指标是重要指标的基础。有时，它也称作安全方面的"冰山原则[28]"。请见图 30。

冰山比喻法是说，解决水线以下的次要问题，就能够防止水线以上所示的伤害事故发生。它还说明从冰山的顶部到底部，需要解决的问题是逐渐增多的。

例如，对于每件死亡事故，您可能会发现更多的损失工时伤害、更多的医疗救治伤害等。这可以作为检查统计数据时强有力工具。通常在应用这个原则时，报告问题可能会非常突出。几年前，我为一家大型公司工作时，就曾发现即使他们的损失工时伤害频率为 5 LTI/百万员工工作时数，但是急救率只为 1 FAI/百万员工工作时数。如果应用冰山原则，这就显得没有什么意义。

3.

图 30 应用伯德的安全三角形

我们发现在急救伤害事故方面的确存在着报告的问题。后来，经过一些干预之后，下一批数据中就显示出急救伤害事故数量大幅增加。这种增加情况不断持续，一直持续了 4 年时间，直至再次发生减少情况为止。在急救事故中的这种变化，在 4 年中报告的量增长了 10 倍。而在同时，损失工时伤害的数量却减少了 75%。这种成功故事不是一夜之间就发生的，改变一种报告文化也需要花费时间。但是，这也证明了收集数据是一回事，而使用并解释数据来指导干预措施则是另一回事。

许多潜在衡量指标是法律规定的，并由标准指导的。的确，许多法律要求将特定类型的伤害通报给当地相关机构。安全人员必须了解并对此类要求给出建议。因此潜在衡量指标在安全方面非常重要。

这些指标可能包括：

1. 死亡事故

2. 损失工时伤害事故频率(LTIFR)
(按伤害类型、严重程度、身体部位、伤害手段
(agency of injury)、伤害机理、环境情况、区域、
时间、工作类型等分类)

3. 由于损失工时伤害而损失的工作日天数

4. 医疗救治伤害事故频率(也按上述分类方法分类)

5. 急救伤害事故频率(也按上述分类方法分类)

6. 全部伤害事故频率

7. 职业疾病

8. 由于职业疾病而损失的工作日天数

为了能够更好地对比绩效,特别是对比横跨多个工作地点以
及公司界线的绩效,衡量指标通常转变为频率,即 LTIFR—
—损失工时伤害事故频率,表示为每百万员工工作时数的伤
害事故率。同样,医疗救治事故、急救事故以及全部伤害事
故频率也经常使用。我们必须认识到不同国家/公司通常会使
用不同的工作时数来计算频率,所以在审查来自多个来源的
数据时,需要注意,这点非常重要。还有很重要的一点是,
我们要通过跟踪趋势并确定干预策略来充分利用这些数据。
仅仅产生一份显示数据的报告,而没有利用这些数据制作告
知式干预策略,是远远不够的。

主动衡量指标代表了能够在伤害事故发生之前收集的绩效数
据。这些数据的变化通常可作为预防伤害事故的先行指标。
这些指标可能包括:

1. 不安全的行为/小时

2. 安全的行为/小时

3. 不安全的条件/检查小时

4. 与计划对比的培训时数/月

5. 与计划对比的工具箱/月

6. 安全观察与计划的比值

7. 已执行审核与计划的比值

8. 计划风险评估与完成风险评估的比值

9. 计划行动与完成行动的比值

10. 计划员工能力评估与完成员工能力评估的比值

11. 员工隐患通知/月

12. 书面程序与计划程序的比值

13. 安全制度实施状态

14. 计划维护活动与完成维护活动的比值等

如上述所示，这些指标中大部分是用比率来表示，因为这允许多区域对比。有许多指标将关系到特定内部目标，而这些特定内部目标又关系到安全制度的改善和发展，因此将特别针对个别实体。需要注意到的重要一点就是，随着时间的推移，我们所花费的精力将导致伤害事故的减少。如果与潜在指标对比，在一段时间过后仔细分析这些比率，将可能产生一些非常有意思的相互联系。例如，我在参与大型的基础设施施工过程中，发现如果不安全行为/小时的比率低于 28，则在该工地上永远不会发生损失工时的伤害事故。

根据适用的法定要求，相关机构有时会要求报告事故情况。
例如，以下事故通常要求报告。

    a.   死亡事故

    b.   要求住院治疗的伤害事故

    c.   由于暴露在化学品中而需要立即医疗救治的任何个人

报告的范围和性质将根据机构的不同而有所不同。此外，有
些机构可能还会要求报告侥幸脱险事故，比如：

    a.   设备倒塌、倾覆、失效、故障或损坏。

    b.   任何挖掘洞穴的倒塌或破坏，或者任何支撑挖掘洞穴支柱的倒塌或破坏

    c.   建筑物或结构的全部倒塌或部分倒塌

    d.   从任何设备、物质或物体的某个高度上跌落或释放

    e.   矿里的通风中断

    f.   工作场所物质的泄漏或溢出等

以上所示均为示例，因此安全人员有义务知道此类要求，并
能够针对此类事宜提出建议。

2.9.2.　　审核

安全审核牵涉到安全制度的实施状况。它要求理想的安全制
度已广为人知、安全制度的要素和成功标准已经确定以及有
可用的审核工具。这个工具应简单易用，并能提供标准。请
见图 31。

合规性	权重	合计
要素1 合法性（A S4801 4.3.2, 4.4.7）		
适用的现场问题：（相关循环）：排放物⋯⋯工业废水⋯⋯授权保险 ⋯⋯石棉⋯⋯污染物⋯⋯设备⋯⋯受限空间 有害物质⋯⋯EPA⋯⋯物质（见补充需求清单）		
1. 适用于操作的所有相关法律和法规要求都已确定并已经通过合规性登记表证明。	40	
2. 制定、编制并执行计划，实现完全的合规性。	30	
3. 安排适当，确保对法律要求的任何变更都已确定并遵照行事。	10	
4. 制定体系，确保符合所有合规性报告和记录要求，包括合规性检查。	10	
5. 尽职调查要求扩大到客户、承包商访客和社区。	10	
	合计	
人员		
要素2 领导力和投入（AS4801 4.2, 4.3.4,4.4.1.1）		
1. 业务计划的人员成分以及解决企业安全目标的对话	20	
2. 拥有适当的HSE行动计划，且支持并审查该计划	20	
3. 员工参与，通过协商流程改善HSE绩效	5	
4. 参与管理体系审查流程的管理层和员工，即审核、观察等	10	
5. 为有效制定、操作、审查和维护HSE体系提供充分的人员、材料和财务资源。	20	
6. 管理人员的角色对安全行为起模范作用，并在推动HSE改善计划中显示领导李	10	
7. 管理人员了解管理体系政策，包括OHS、修复、骚扰、质量和环境	10	
8. 如果安全和其它业务之间存在冲突，		

图 31 审核工具

在该示例中，不同的要素都列明绩效标准。这些绩效标准都被赋予了相应权重，因此可以判断绩效。这个工具所需的细化程度依据相关审核员的专业知识而定。

如果人员对安全制度了解有限，或者如果涉及到多个工作现场或多个不同审核员，为确保一致性，细化程度就需要增加。在这个计划阶段，还应考虑报告问题。虽然受众是一个重要的考虑因素，但是经验告诉我需要包含以下各项才能达到有效目的：

1. 调查结果摘要
2. 观察和建议细节
3. 调查结果照片
4. 根据情况，与法律之间的交互联系

摘要内容必须注意，因为许多管理人员通常只阅读这一部分。需要提供关键点，确保他们理解在支持和跟踪方面需要他们做什么。我发现，针对审核要素制作的简单绩效图解摘要连同关键点摘要通常可以在一页纸上完成。请见图32。

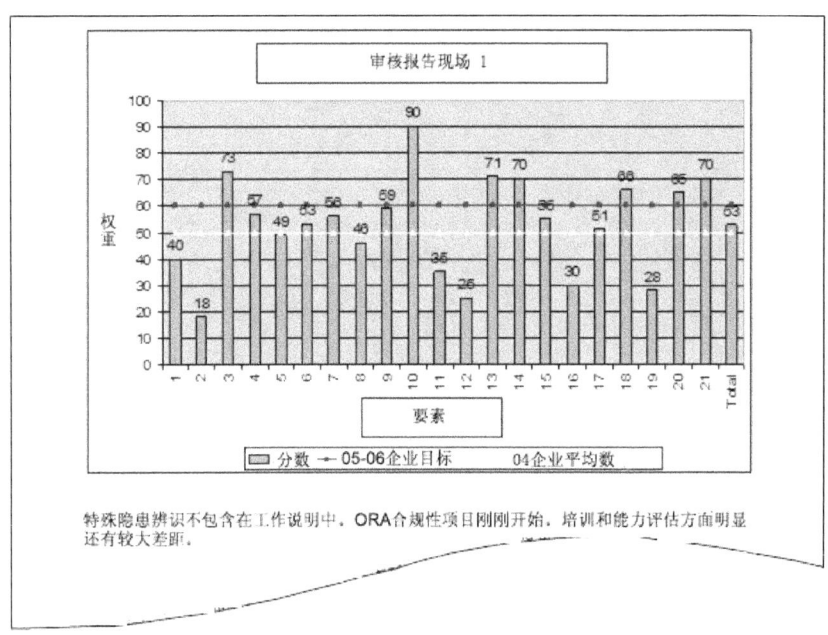

图32 审核报告摘录

照片证据也特别重要，因为照片能够为机构中的各级人员传达无可辩驳的讯息。它能排除当时都有什么在场的主观争论，让问题得以解决。

流程图2.9.2中所示的是一份内部审核流程摘要。

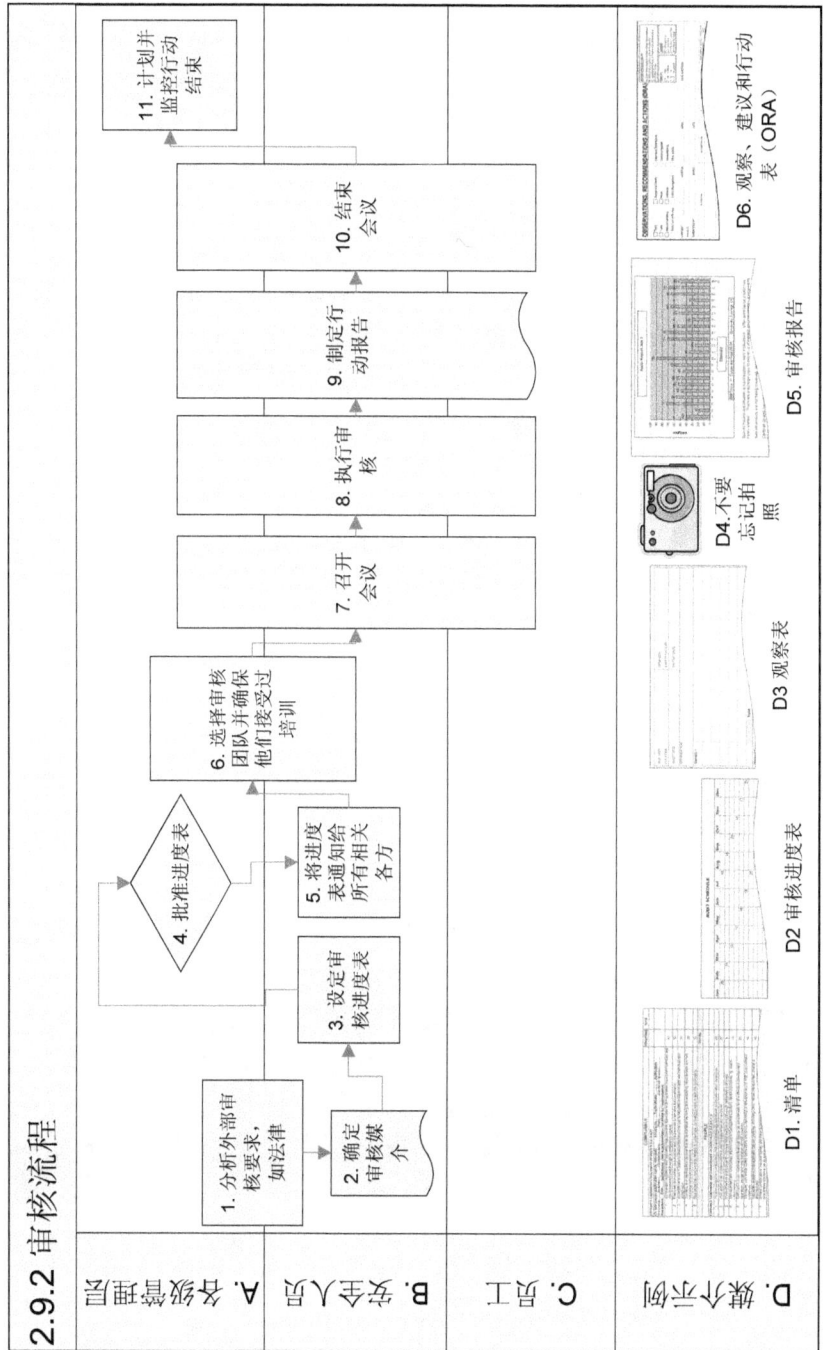

2.9.2 审核流程

A. 流程管理阶段

1. 分析外部审核要求，如法律

4. 批准进度表

6. 选择审核团队并确保他们接受过培训

11. 计划并监控行动 结束

B. 行动（行为）

2. 确定审核媒介

3. 设定审核进度表

5. 将进度表通知给所有相关各方

C. 员工

7. 召开会议

8. 执行审核

9. 制定行动报告

10. 结束会议

D. 支持工具

D1. 清单

D2. 审核进度表

D3 观察表

D4. 不要忘记拍照

D5. 审核报告

D6. 观察、建议和行动表（ORA）

不是所有审核都能够得到严密计划，因此需要涵盖需要执行的特殊审核。这些特殊审核可能由内部事件导致，或者有时候由外部机构要求。还应注意的是，特定区域的一些审核和评估可能是法律要求的，应确定并解决这些要求。

2.9.3. 观察

如在第 2 步中所讨论的，了解什么是期望 BSAFA's™ 的重要性是不容轻视的。在观察之前，需要让员工有机会了解要求是什么。这应该作为工作说明和能力评估步骤的组成部分。这能消除通常与安全观察相联系的警察态度和自以为是。既然说到要使用正确的态度和精心准备执行，所以观察对于安全改善极为重要。在这里，我需要区分一下观察和检查之间的差别。观察是针对人员行为执行的，而检查是针对工作场所条件执行的。观察可以多种方式执行：

a. 将针对设定工作标准的已证明绩效观察，作为能力评估流程的组成部分。

b. 针对期望核心行为的一般观察

c. 一般观察

这里存在的最大挑战并不在于执行观察本身，而是在于要确保观察员有勇气面对风险行为，还能够称赞好的行为。干预需要及时适当。我发现许多人对干预会感到不舒服。不同的人对于被别人观察的反应方式也不同，我们通常因为担心他们的反应而停止干预。文化需要培养，让每个人都接受并期望这种干预。观察的成功与否并不在于观察到什么，而是对观察的结果做了什么。不是说回到办公室列出观察结果的清单并写一份报告就可以了。而是说在观察之后您采取了多少干预措施让情况变得不同。俗话说"安全水平的跨越是，心念已动，就已经达到"，在这里需要记住。

由于有干预要求，并不是每个人都适合做观察工作。因此在选择观察员时必须注意，且需要提供培训。培训必须包括

1.　　人员的人格类型/群组

2.　　了解他们自己的人格

3.　　不同人员的干预策略

4.　　角色扮演干预

观察员还应获得文档支持，从而能够促进并支持活动。请见图 33。

此类文档应列有期望的行为，帮助观察员了解观察的期望。与审核一样，观察也需要定期安排，保证有效性。正如在第 2.2 章中讨论的一样，管理层积极参与工作场所是安全承诺的最好证明。对于一个有效的安全制度，管理层需要将相当大的时间比例(5%以内)用在观察方面。走动式管理具有重要价值。干预的类型和性质提供了一些宝贵数据。这些数据应加以分析并用来指导安全工作。在第 47 页的第 2.2 节图中，我们可以看到在项目设置中此类分析的优势。观察能够强化期望行为，并能够测试工作说明和能力评估流程的有效性。

安全观察表

区域			日期	
观察的任务	垂吊起重机操作			
观察团队				

开始时间				
结束时间		总观察时间		

行为/活动

	行为观察清单	是	否
B1	使用垂吊起重机时，操作员应始终		
B2	负载是否始终防止在		
B3	操作元是否扫描		
B4			

BH	安全/有风险	干预措施	跟踪ORA 编号
		其它观察	
		观察摘要	
		危险行为/Hr观察	
		安全行为/Hr观察	

图 33 观察表

同样，它们对于任何安全工作都至关重要。

2.9.4. 工作场所检查

工作场所检查是出于保持工作场所标准的一致性而产生的。与行为一样，也必须确定工作场所标准的期望。这里的原则就是"所有东西都各有其所，并且各得其所"。

可能在这一方面最有效的一种方法就是应用"视觉化工厂"理念。在将该理念应用到工作场所时，应考虑：

- 照片显示好/不好
- 有颜色编码的管线
- 涂漆划分好的材料、废料、垃圾等存储区
- 零件和工具的防反射板
- 绩效的直观显示 [29]
- 指示灯
- 带图表的工作组显示板
- 带照片和图形的程序
- 生产状态板
- 工作控制台设计

所有这些事情都只有一个目的，那就是达成期望的 BSAFA™ 要求。这关系到让人们更容易地做以及希望去做正确的事情，而不是错误的事情。这些制度还能让检查变得非常直截了当，有助于监督层定期维持标准。

与其它监控形式一样，工作场所检查也需要计划和安排。检查结果也需要分析并计划适当的干预措施。使用清单来提示检查员有时也很有帮助。这些清单可以是一般性质，或是针对特定领域或话题。请见图 34。

	详情	是/否	评论	ORA编号
A	地板			
	1 表面是否平坦、无缺陷			
	2 是否有坠落物体			
	3 是否有油渍和/或油脂污点			
	4 是否有切割物/垃圾/灰尘过多			
	5 储存的物料是否非常密集			
	6 地板开口是否有安全盖			
	7 是否无电缆导线			
B	走廊/指定走道			
	1 是否有足够的通行宽度			
	2 表面是否平坦、无缺陷			
	3 边界是否用黄线标识			
	4 是否无箱子/材料和垃圾			
	5 是否无手推车			

安全检查清单

指定的检查区域：..   检查日期：........................

图 34 安全检查清单

一些更为成熟的制度在清单上附有照片，能够进一步指导什么检查可接受。

其它类型的检查可能包括外部机构、OHS 或工会代表要求的检查。

2.9.5.　健康评估

健康评估是所有安全制度中不可分割的组成部分。员工的健康状况与生产力有直接关系，而且可能还会直接影响到个别员工及其同事的安全。另外，有些健康评估是由法律要求的，特别是在暴露于特定隐患的情况下，如噪声、铅等。

需要考虑的一些评估类型有：

1. 雇佣前评估——检查待聘用员工的身体，确保他们的身体健康素质满足工作标准。

2. 工作变化评估——针对新的工作要求重新评估

3. 特殊职务评估——某些职务要求的评估，如叉车驾驶员、起重机操作员、矿工、铁路工人等。

4. 作为伤害治疗和康复组成部分的评估

5. 作为健康监测组成部分的评估，如听力、视力、肺活量测定等。

6. 作为工作场所监督组成部分的评估，如药物和酒精的检测。

所有这些检查本质上都是为了确保个人及其同事的健康和福祉。保证健康资料的保密性很重要，与员工分享其健康情况的资料也同样重要。此类检查记录需要保存在安全的地方，并无限期地保持。

考虑健康评估要求时，重要的是要知道工作范围和性质、身体素质要求、隐患暴露、适用的法律要求和标准。

作为健康监督体制组成部分执行的健康评估，通常要求在执行评估之前与员工协商。这是为了确保所有人员了解将在何种情况下执行检测以及检测的可能后果。

2.9.6. 康复

因工作而遭受伤害或疾病的任何员工，都要得到康复计划。对于在不同地区中从事经营活动时，必须了解相关的法律体制。

需要与所有员工沟通政策和程序，这还应包括了解伤害通报方面的逐级上报流程，如图 35

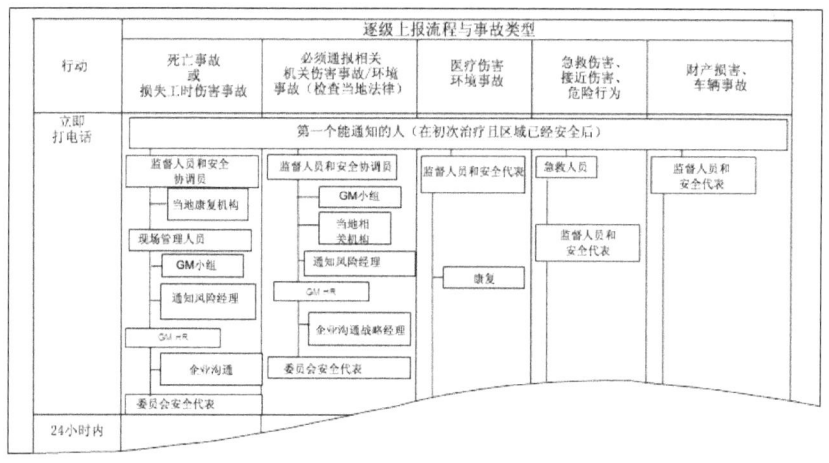

图 35 逐级上报流程摘录示例

如果对这个流程了解不足而加以应用的话，可能会产生很多挫折。因此，所有员工都必须了解康复和逐级上报流程对他们的适用情况。

所有康复计划都必须考虑到的一个方面是，需要让员工与工作伙伴和同事保持接触，这对他们的心理治疗十分重要。相反，如果不管员工，听任其在家里自行其事，则可能会发生与工作场所的心理分离。

如在流程图 2.9.6.1-2 中的示例所示，康复流程可能非常复杂，需要投入相当大的精力。因此，花一些精力避免伤害发生，将这个摆在第一位，远远要比处理后果好得多。

康复系统可以由试图避免损失工时伤害事故的管理层来操作，也可以由希望操作该系统的员工来操作。这表示这是一个必须有谨慎管理审查与监控的领域，避免发生潜在问题。

但是，如果使用得当，康复是确保员工得到适当照顾并能及时返回工作岗位的宝贵流程。若要实现这个目标，需要实施经过认真设计的返回工作计划，该计划应包括替换职位或工作再培训。正常来说，此类计划应在与员工、主治医生以及公司代表协商之后制定并获得各方的同意。发生伤害时，最好能够向主治医生发送一份可能的替换职位清单。这能让医生做出可靠判断，如果该员工因为伤害而导致能力降低，则其能够从事哪些其它职位的工作。如果员工不适合从事任何职位的工作，则应重新安排测试。在一些不幸的情况中，员工再也不可能康复从事任何职位的工作。在这些情况中，必须设置一些支持机制来支持通常伴随严重伤害的持续问题。此类支持应延伸到家人的参与，即员工援助计划。

2.9.6.1 康复流程

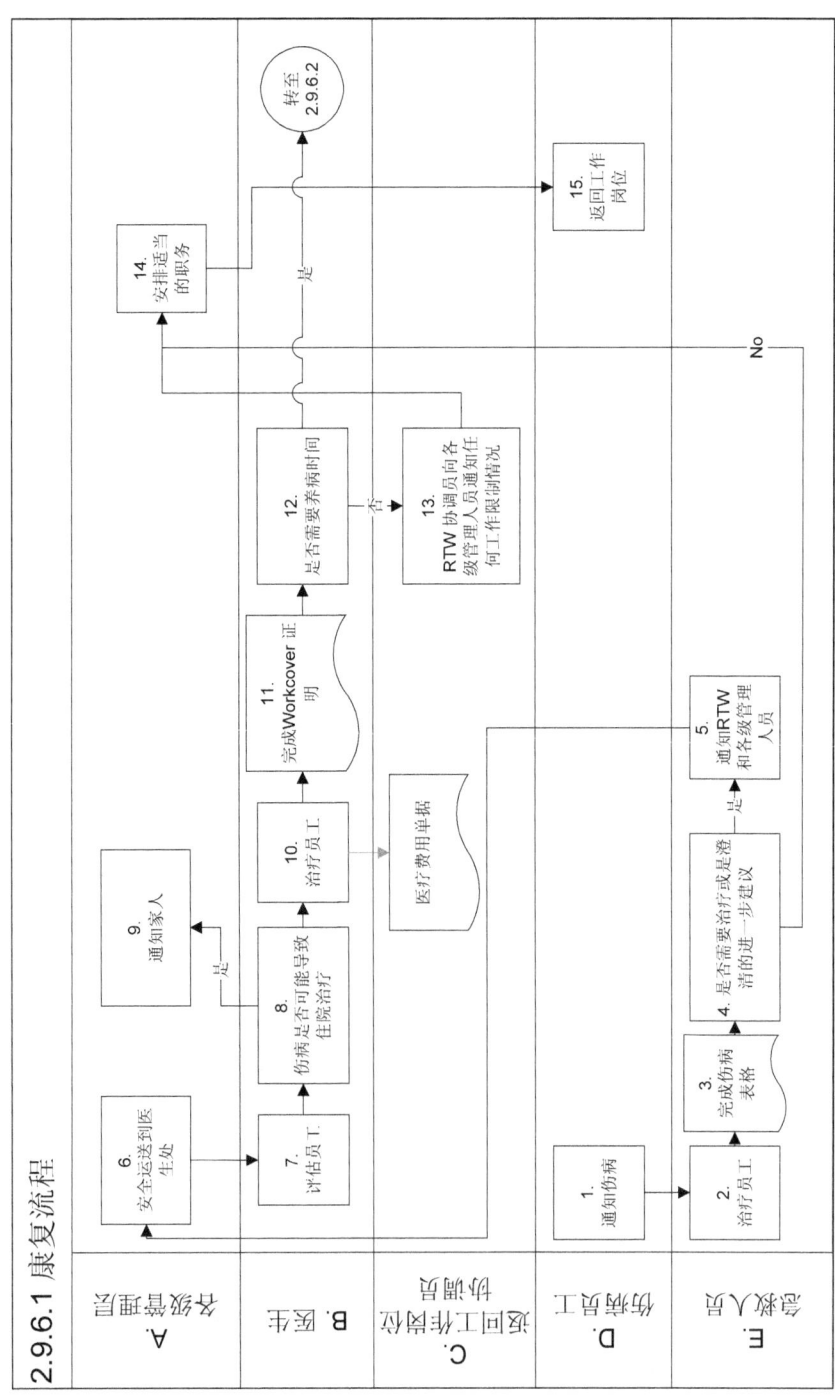

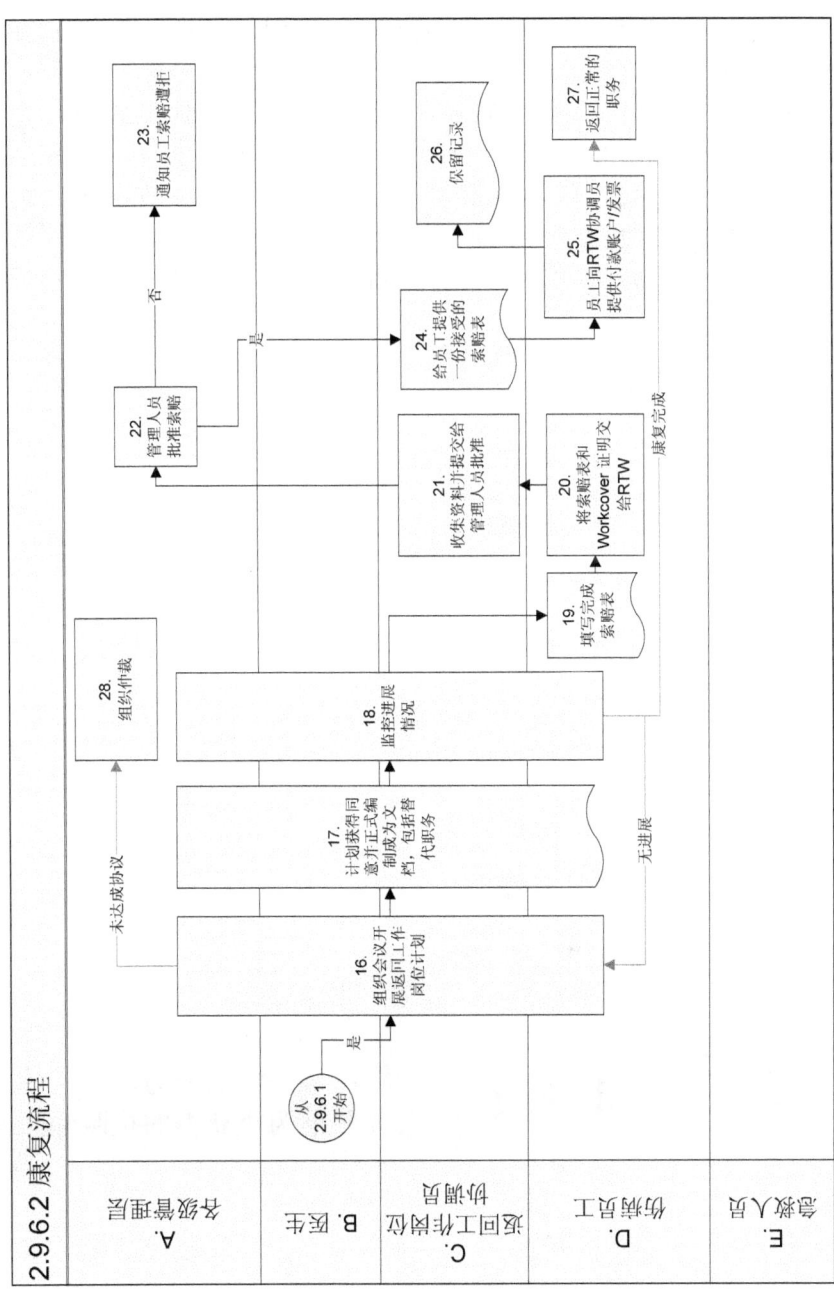

2.9.6.2 康复流程

A. 外部调解处

28. 组织仲裁

23. 通知员工索赔遭拒

B. 医生

C. 返回工作岗位专家

16. 组织会议开展返回工作岗位计划

17. 计划获得认同意并正式编制成为文档，包括替代职务

18. 监控进展情况

21. 收集资料并提交给管理人员批准

22. 管理人员批准索赔

24. 给员工提供一份接受的索赔表

D. 工人/劳资部

19. 填写完成索赔表

20. 将索赔表和Workcover证明交给RTW

E. 赔偿人员

25. 员工向RTW协调员提供付款账户/发票

26. 保留记录

27. 返回正常的职务

从2.9.6.1开始

是　否　未达成协议　无进展　康复完成

2.9.7.   事故调查

能够从失效的安全制度中学习到经验教训，是所有安全制度的另一个关键组成部分。发生不幸时，如果安全制度失效，出现伤害、侥幸脱险事故、不安全的条件或不安全的行为时，则调查此类事故将非常有利。如果在伤害事故中，我从未参与调查活动，也就无法采取任何措施防止事故发生。因此，了解安全制度失效的原因非常重要，且首先必须了解可以采取哪些措施防止发生这种情况。通常，原因可以分为 2 个方面。

1. 环境原因

    - 实际工作环境
    - 机械设计
    - 内务管理
    - 维护
    - 主要气候条件
    - 周边地区
    - 进度安排
    - 流程等

2. BSAFA™
    i. 行为   - 如   走捷径、
                             全神贯注等
    ii. 技能   - 如   完成任务的能力、
                             目前为止获得的执照/证书、
                             培训等
    iii. 态度   - 如   这不会发生在我身上
                             等

iv. 感觉　　　　- 如　疲倦等

v. 素质　　　　- 如　身体素质等

事故调查并不是为了指责，而是出于改善工作场所的真诚期望。为此，调查团队需要能够胜任此项任务，让必要的人员参与共同找出真相。这些人员可能包括一名技术专家。此外，负责任的生产线管理人员应有权暂停事故发生区域的工作，或者暂停类似工作，直至调查完成为止。

执行调查的方法通常涉及许多方面，可能包括：

1. 工作区域人员的访谈
2. 同事访谈
3. 检查工作区域
4. 检查维护记录
5. 程序
6. 确定任何最近的变更、人员、周围环境、流程、设备等
7. 培训审查
8. 使用的设备和条件
9. 明显的不足之处
10. 绩效统计
11. 工作区域的 OHS 统计历史
12. 工作进度表
13. 时间表
14. 员工历史
15. 产量增加/减少
16. 任何特别情况等

以上所列并不详尽，只是用来说明为了执行适当的调查，需要收集相当多的资料。这不像是可以在调查表上写几行字的简单工作。缺少适当的时间执行适当的调查，已经导致一些公司缩减这个流程，从而变得没有什么价值。我经常会看到只有一页纸的调查报告，根本没有找出事故的根本原因。这

就影响到从此类事故中学到可能防止伤害发生的经验教训。缩减的调查还有可能会由于缺乏合适的引证而导致起诉。

有些情况中，比如重大伤害事故、在大型隐患设施中发生的事故或者是应通报的事故，从法定要求的角度看，可能要求执行事故调查。其中有些事故可能要求获得法律建议，确定是否需要在底层开展调查。

应将调查流程当作预防伤害事故的主动流程，从而获得其所需的时间和精力。

2.9.8. 纠正措施

在安全方面，我们花费了很多时间，辨识可能或实际影响到安全的事物。有时，如果有大量问题需要解决，辨识就可能出现困难。在某种程度上，风险流程可以帮助区分这些问题的优先级。但是，拥有强有力的纠正措施流程对任何安全制度都绝对是至关重要的。如果只有一个公司范围内的纠正措施体系，所花费的精力水平可以按照其它优先级衡量。这个流程相当简单，通常只涉及到几个简单步骤：

1. 确定问题
2. 确定需要执行的相关短期工作
3. 确定根本原因
4. 确定长期解决方案和成本
5. 为实施的措施区分优先次序
6. 为实施的措施分配责任
7. 分配时间线
8. 监控实施措施
9. 评估实施措施是否成功

有些公司已经使用各种不同的电子工具，让这些流程变成自动化流程，以此作为其质量管理体系的组成部分，或者甚至是工作管理和维护体系的组成部分，由此可以马上提供工作清单和进度计划。别的公司使用简单的表格作为持续监控的基础，如图 36。

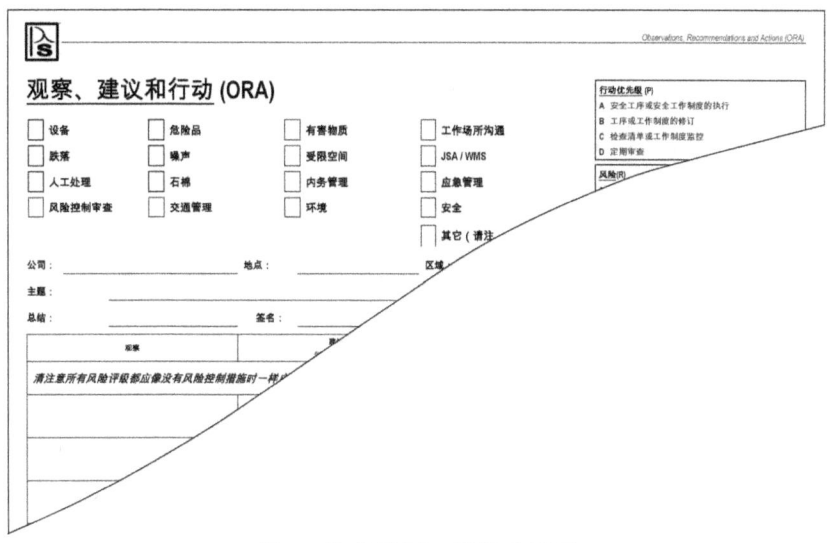

图 36 简单的纠正措施表摘录

无论使用哪一种方法，关键都是要确保能及时停止这些措施，并确保问题得以圆满解决，并保留精确记录证明措施确实已结束。

由于安全制度失效而产生的纠正措施可以通过许多不同的方法突出，比如：

- 伤害事故
- 机械故障
- 已辨识的隐患
- 分离的风险评估
    - 设备
    - 危险物品
    - 有害物质
    - 跌落

- 噪声
- 人工处理等

- 流程评估

- 法定侵权

- 审核不合规

- 工作场所检查不合规

- 管理审查

- 事故

- 统计分析

- 员工或公众投诉

- 法律索赔

- 客户投诉

- 问题解决

- 工具箱讨论

因此，很关键的是，安全制度不能以每种方法都有不同的纠正措施流程结束，否则就会变得太过笨重而难以管理。

管理层的注意力需要放在纠正措施的结束上，确保它们采用适当的资源，并让大家了解纠正措施结束的重要性并保持。这应包括管理此类措施的责任感。

2.9.9. 认可

监控并不是全部关于对负面趋势做出的应对。它还关于审查安全制度的绩效并认可好的绩效。这样能够强化期望行为并鼓舞工作场所的士气。这种认可应精确到主动衡量指标、价值观和行为。在认可潜在衡量指标时会存在隐患，因为可能导致管理层倾向于隐瞒伤害事故的行为。当然，这并不是我们所期望的，应该避免。

2.9.10. 变更管理

变更管理不仅仅是一个纠正措施流程。它是能够评估变更产生的多种不同影响的流程，这可能包括：

1. 监管
2. 财务
3. 员工
4. 建筑物和结构
5. 体系
6. 流程
7. 客户
8. 环境，包括邻里等

尽管有上述规定，变更管理体系要求有一个规范流程，严格控制机构内设备、物质和工作体系的增加、修改、删减。这个流程必须确保各级人员的参与，并对将受到任何变更影响的人员展开协商、培训和说明。这不是一个简单的流程，不可掉以轻心。其他人员对于变更的承诺(协商)是构成符合基于健康安全法规的绩效中必不可少的组成部分。操作人员、维护人员以及其他人员的承诺都将对变更成果产生积极影响。这个流程必须有助于辨识与变更有关的以下潜在健康、生化、环境和安全风险：-

- 设备
- 物质
- 危险物品
- 有害物质
- 其它带有健康、生化或环境风险的物质
- 工作制度
- 能力和培训

- 维护和修理安排
- 应急程序
- 培训
- 监督
- 流程
- 关键控制
- 机构和/或文化

变更介质应该以书面建议书与支持文件的形式开始,如:-

- 有标记的 P & ID(流程和仪表图纸)
- 计算和简图
- 涉及任何物质的 MSDS
- 修订的组织结构和职位描述,如适用
- 隐患辨识和风险管理评估

通常,这种类型的规范是在资本支出类型的建议书中有显示,但是缺乏每日的变更管理活动。变更建议书应确定:-

- 潜在的健康、安全和环境问题,包括应急管理和安全问题
- 其它受影响的体系
- 法规要求
- 风险评估要求
- 人员要求(BSAFA™)
- 能力和培训要求

必须注意的是,在一些地区,必须获得监管批准以及提供诸如以下各方面的正式通报:-

- 危险物品
- 设计通知和登记
- 环境
- 应急规划消防队
- 防火消防队

- 建筑规范(地方政府)

还必须考虑风险评估，并安排提供与以下各项有关的正式风险控制文件：-

- 设计
- 制造
- 安装
- 环境
- 设备
- 危险物品
- 有害物质
- 人工处理
- 受限空间
- 辐射
- 噪声
- 确定的其它事项

在任何变更流程中，协商和沟通都至关重要。对于更为复杂的变更，可能还要求有沟通计划。在其它情况中，通过将变更建议书提交给以下人员审核和批注，通常能够满足协商要求：-

- 受影响的健康安全代表、操作员以及涉及的相关人员
- 受影响的操作和工程人员
- 受体系和/或程序变更影响的其他人员

受影响人员的审核应考虑：-

- 对其它体系的影响
- 相关安全问题
- 隐患辨识、风险评估和风险控制的适合程序
- 法定批准
- 应急管理安全变更

流程图 2.9.10.1-2 中提供的是变更管理流程示例。

变更需要全面详细记录，并在考虑到变更的广泛问题情况下审核变更。在安全意识中，通常还需要承担某些形式的隐患辨识和风险评估、行为审核、合规性审核、流程审核以及能力审核。这意味着针对实用安全流程的所有方面评估变更。

2.9.10.1 变更管理流程

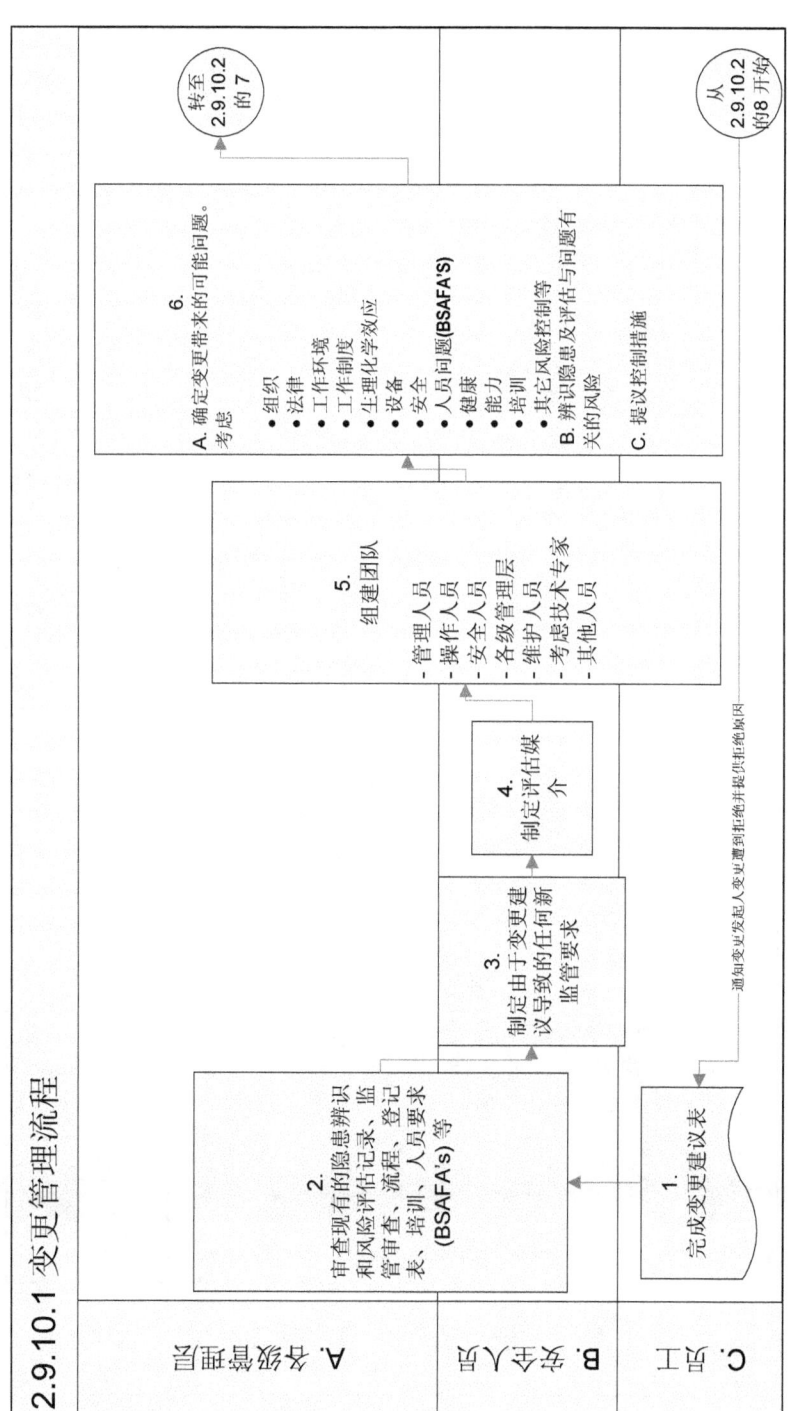

2.9.10.2 变更管理流程

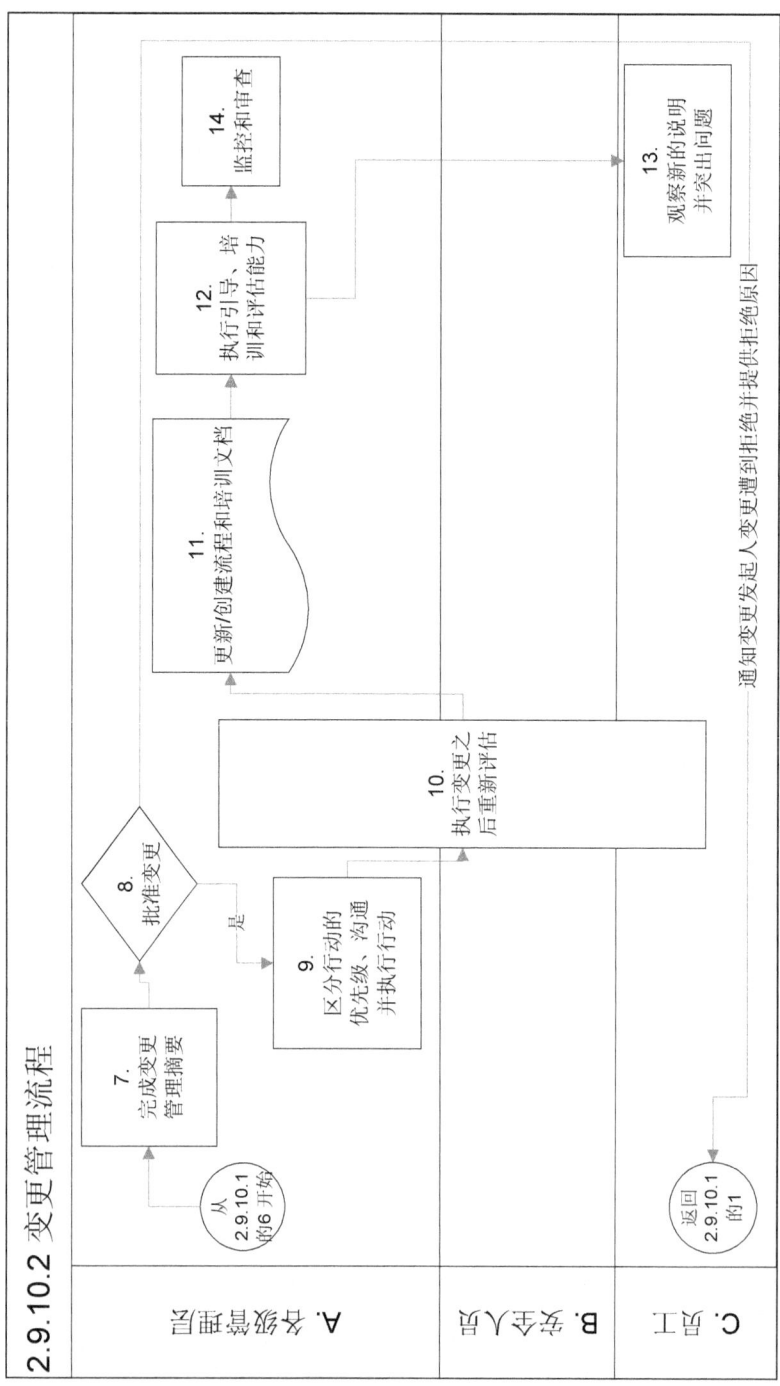

A. 水务局管理部门

B. 承包人员工

C. 工会

2.9.11. 记录管理

安全管理涉及到保留准确、易用记录方面相当大量的工作。有些记录是法律要求保留的，特别是与个人有关的记录。需要在考虑到这些法定需求以及与记录管理有关的业务需求情况下，编写记录管理程序。需要确定保留此类记录的责任归属以及保留此类记录的时间期限。应考虑使用记录登记表确定这些要求，如图37。

基本服务	维护计划日期	维护职责		要求的性能水平	试验或检查频率	负责的职位	记录位置	类型记录	负责的职位
		内部维护或承包商名称	承包商联系方式地址/电话号码						
空调系统				AS 1668, BCA Part F4	每月，符合 AS 1851.1和3666				
应急照明				AS 2293.1, BCA E4	每月6次，符合AS2293.2				
应急电力				BCA G3.8	每月6次				
应急警告和多向通信系统				AS 2220, BCA E4.9 Spec E1.5 & Spec E1.7	每月，符合AS 1851.10				
出口门				BCA D	每月3次，确保门完整无缺，可操作并与硬件相符。				
出口标志				AS 2293.1, BCA E4	每月6次，符合AS 2293.2				
消防队联系				Vic H103	每周，符合AS1851.1				
火灾控制中心				BCA Spec E1.8	年检				
火灾控制板				AS 1503.4, BCA					
防火挡板									
防火风门									
火灾探测器和报警器									

图 37 基本服务记录登记表摘录

如以上示例所示，记录连同其绩效标准、创建频率、位置、类型以及保留该记录的负责人都已确定。

此类登记有助于阐明在许多机构中相对未知的一些事项，它们也可以作为电子记录管理系统的前身，确保要求已经获知并阐明。记录的可追溯性也能成为较容易的任务。

记录存储决不是一件容易的任务，因为许多与员工有关的记录必须长期保存。因此，需要特别注意的不仅是必须保存什么，还应注意保存的形式以及保存的位置，比如纸张硬拷贝、缩微胶片或者电子记录。

考虑使用电子介质时，需要注意数据存储的格式以及系统类型。其中一个考虑因素是要考虑随着时间的推移，访问此类文件的软件冗余度。通常还应考虑文件转换问题。

3. 安全人员的基本素质

对于安全人员来说，最有意思的一面就是，他们实际上不管理安全。他们通过其他人支持安全管理。因此，若要成为一名成功的安全人员，我认为个人必须具备一定的素质。这些素质包括：

1. 对安全抱有热情

2. 有韧性

3. 有忍耐力

4. 有耐心和自控力

5. 能够应对各种问题

6. 观察力

7. 机械能力倾向

8. 关注细节

9. 记录保存能力

10. 自信

11. 勇气

12. 组织技能

某种程度上，学习到的技能往往不是成功的关键，人格特征才是。这些特征要求同时具备左脑思维方式和右脑思维方式。我发现，最成功的安全管理人员往往是那些对安全抱有热情的人。这可能是受他们自己或同事受到伤害的个人经历驱使的。这种热情将赋予安全人员必要的韧性和忍耐力，将安全管理推向管理思想的最前沿。但是，为了平衡这种热情，还需要关注细节来管理记录、评估法律文件以及确定事实。无法做到这一点，不但会导致不会增加价值的感情因素，而且还会摧毁自信，并逐渐损害到安全工作。我见过许多安全人员坐在办公室里，对"告诉他们怎么做"感到满意。但是这还不够好，并证明缺乏效率。这不是关于"他们和我们"，而是关于愿意成为解决方案的一份子，并采取措施，将安全讯息传递到行动当中。这有时需要很大的勇气。采取必要措施或说一些必要的话来确保安全的勇气得以保持或增强。

它还关系到运用很强的观察力辨识隐患，观察与您合作的人，然后能够使用这些资料实现积极改变。为了增强这种观察力，还需要有一定程度的机械能力倾向。安全人员必须能够应对往往非常复杂的工作环境和机器。因此，除非他们能够理解图纸内容并评估复杂、自动化的机器，否则很难起到效果。

为了能够有效地沟通信息，您通常需要站在别人的立场上，使用他们的语言和术语说话。安全术语通常与企业中一些最有影响力的人物不相关。例如，如果财务经理非常了解成本和电子数据表，在向其陈述时，您需要了解任何提议的成本效益分析，以及供您处置的数据和事实。

从第一章中，我们看到安全人员还必须具备某些必要的组织意识，能够进入重要的组织讨论，为安全工作奠定基础。如果做不到这一点，安全人员就会很沮丧，最终丧失生活信心。

我认为作为安全人员，您在让工作场所变得更安全的工作中发挥了作用，可以在个人自我满足感方面得到巨大回报。但是，通常你需要与其他人员通力合作，才能实现这个目标，对自己要有足够的信念，明白事情不会总是如你所愿。

practicalsafety.com.cn

4. 附录

附录索引

4.1 流程图示例

4.2 实用安全流程管理体系差距分析

附录 4.1.1 已安装设备隐患辨识和风险评估流程

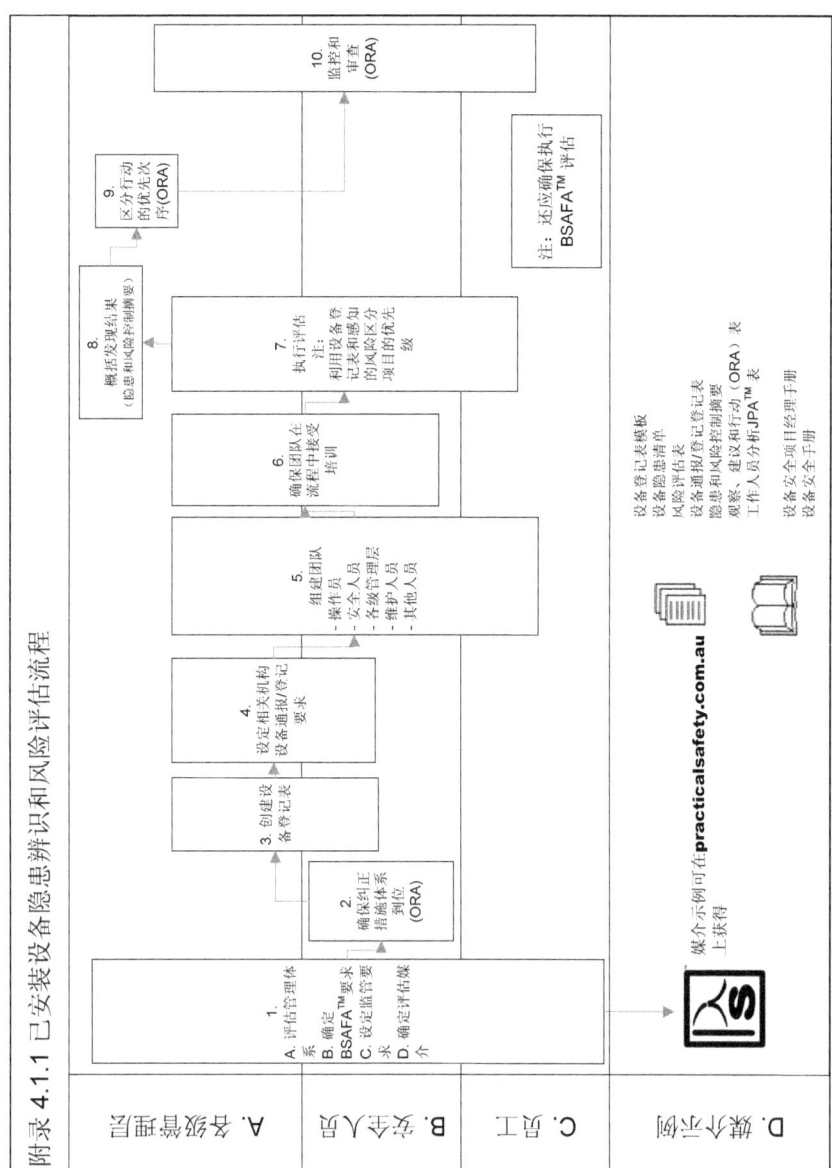

附录 4.1.2.1 受限空间辨识和风险评估流程图

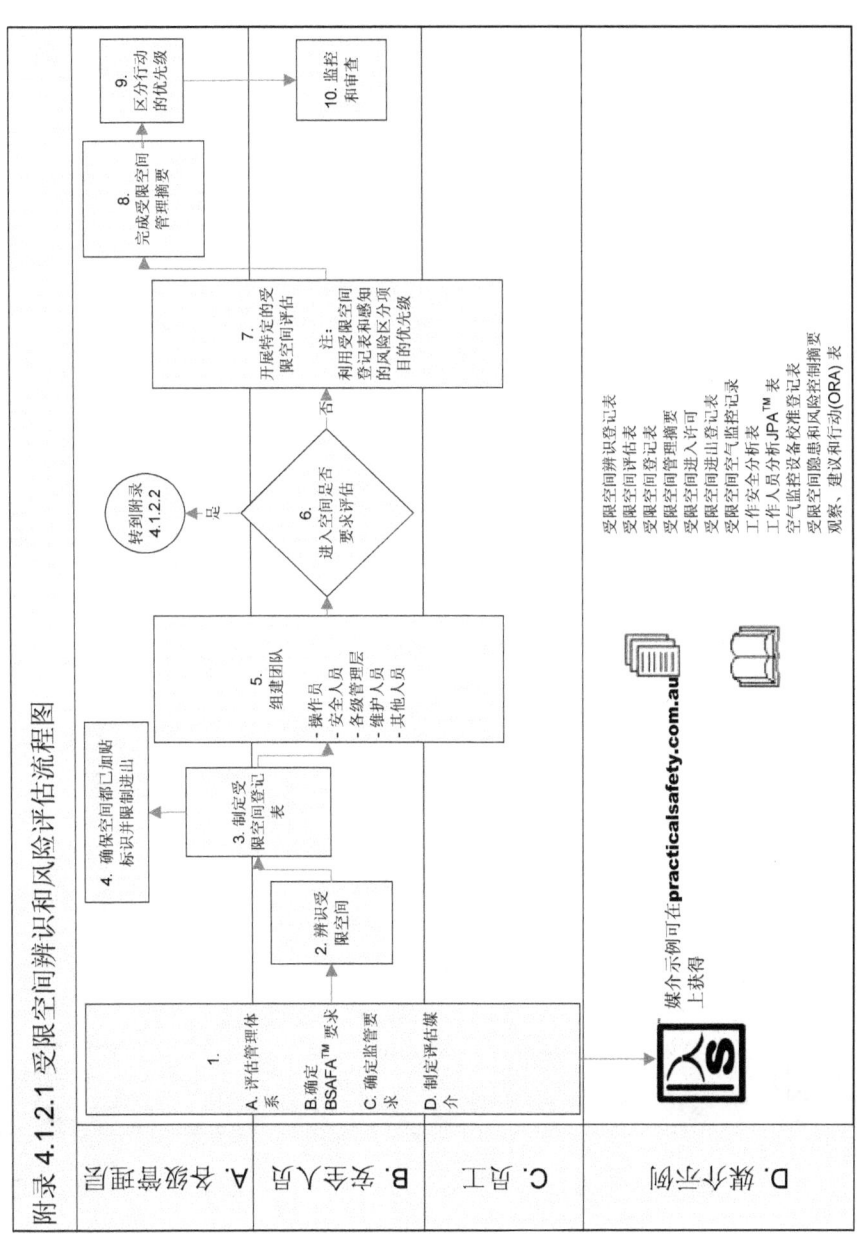

附录 4.1.2.2 受限空间进入管理

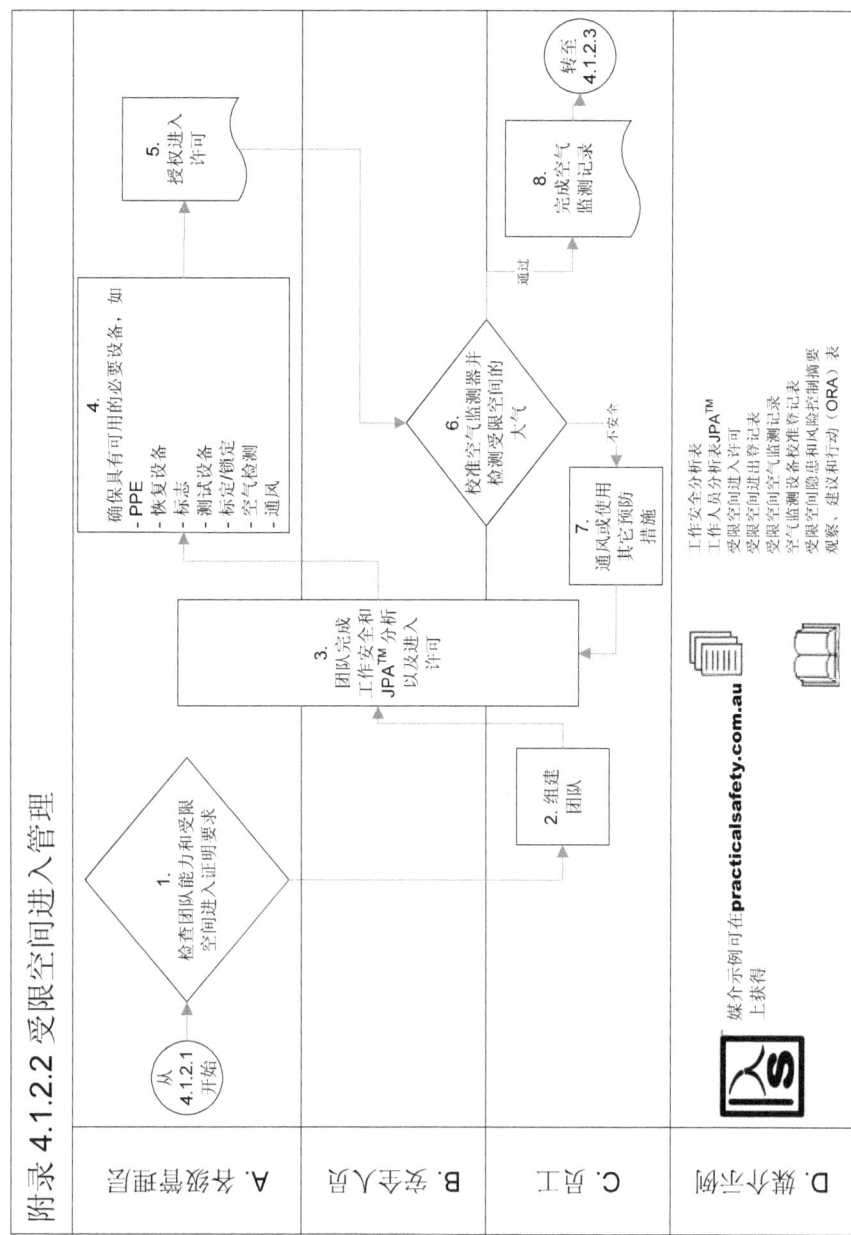

附录 4.1.2.3 受限空间进入管理

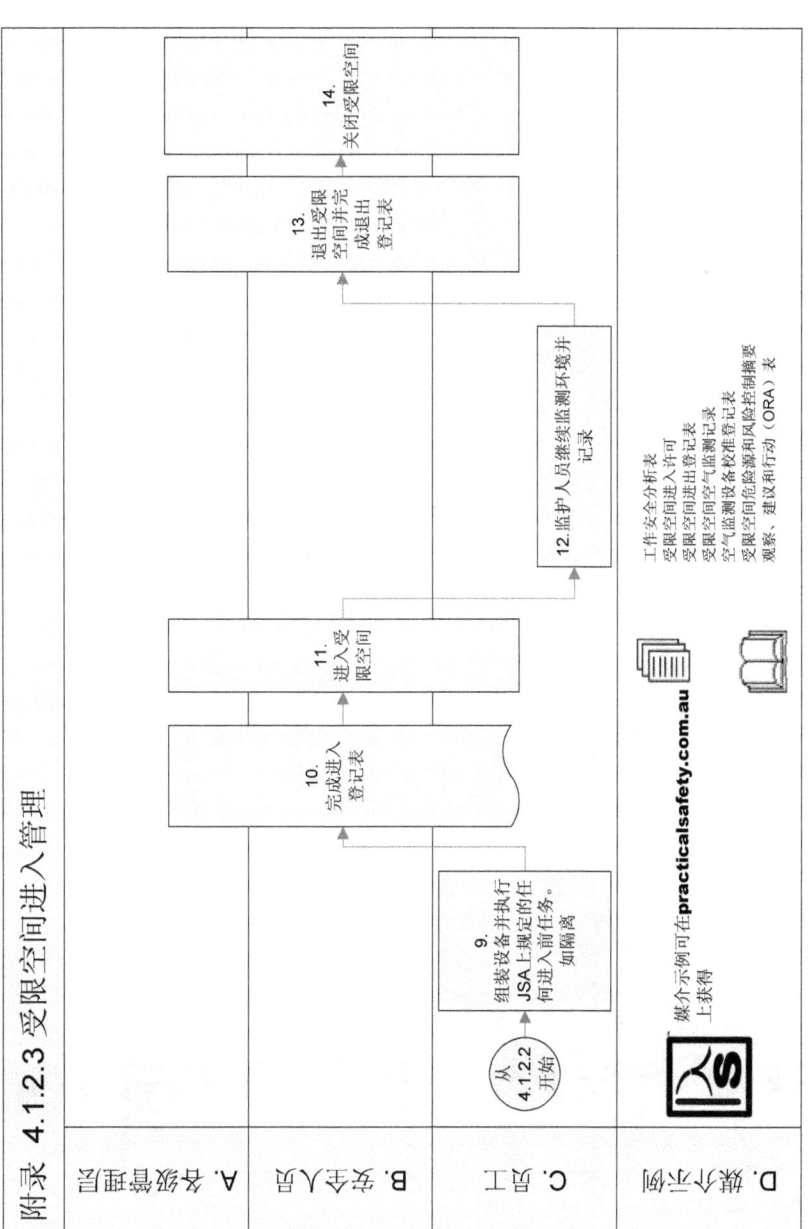

A. 承包商监理

B. 维护人员

C. 工班

从 4.1.2.2 开始

9.
组装设备并执行 JSA 上规定的任何进入前任务。如隔离

10.
完成进入登记表

11.
进入受限空间

12. 监护人员继续监测环境并记录

13.
退出受限空间并完成退出登记表

14.
关闭受限空间

D. 表格与信息

工作安全分析表
受限空间进入许可
受限空间进出登记表
空气监测设备校准登记表
空气监测记录
受限空间危险源和风险控制摘要
观察、建议和行动（ORA）表

媒介示例可在 **practicalsafety.com.au** 上获得

附录 4.1.3.1 危险物品/有害物质

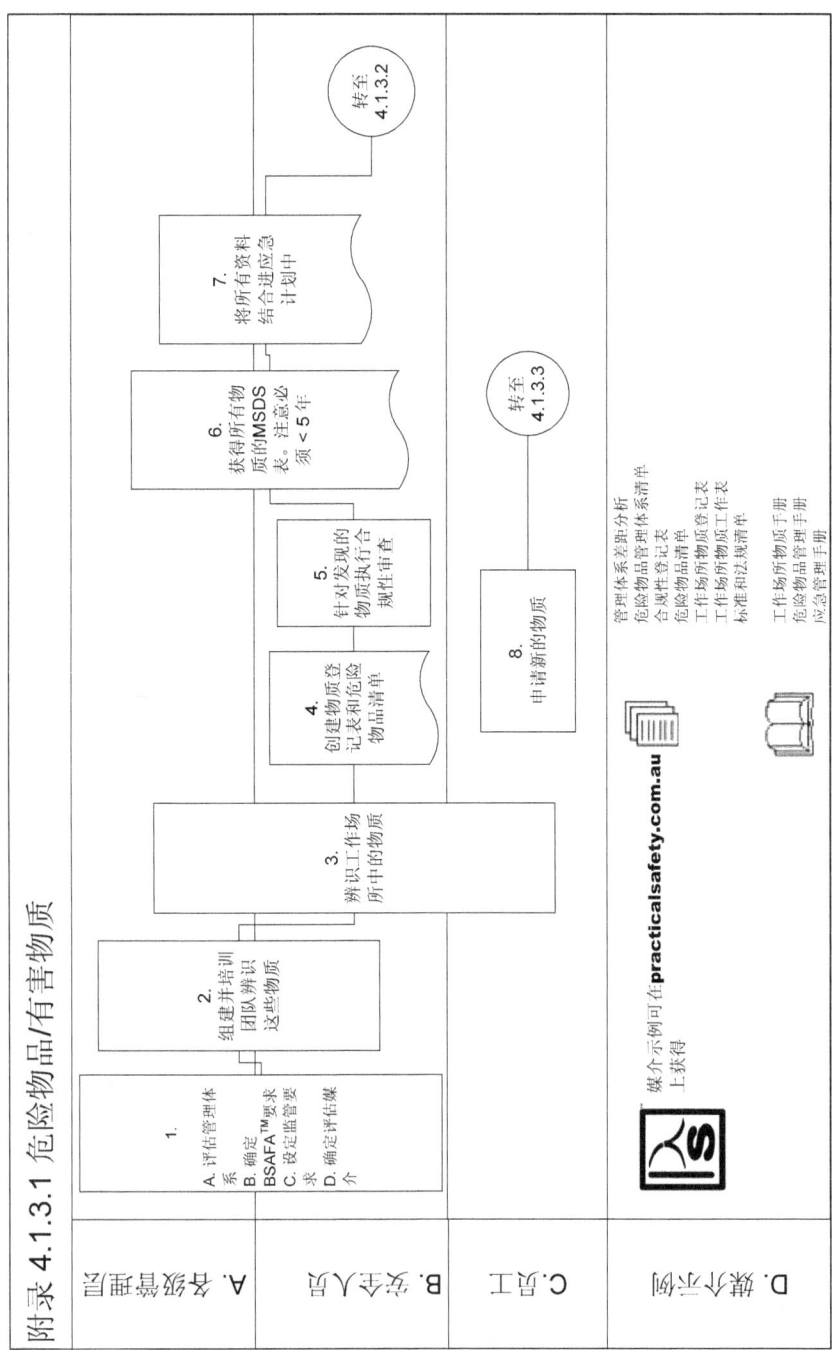

A. 关键接口	1. A. 评估管理体系 B. 确定 BSAFA™ 要求 C. 设定监管要求 D. 确定评估媒介
B. 责任人	2. 组建并培训团队辨识这些物质
C. 员工	3. 辨识工作场所中的物质 → 4. 创建并危险物质登记表和危险物品清单 → 5. 针对发现的物质执行合规性审查 → 6. 获得所有物质的MSDS表。注意必须<5年 → 7. 将所有资料结合进应急计划中 → 转至 4.1.3.2
	转至 4.1.3.3 ← 8. 申请新的物质
D. 媒介方法	管理体系差距分析 危险物品管理体系清单 合规物品清单 危险物品清单 工作场所物质登记表 工作场所物质工作表 标准和法规清单 工作场所物质手册 危险物品管理手册 应急管理手册

媒介示例可在 **practicalsafety.com.au** 上获得

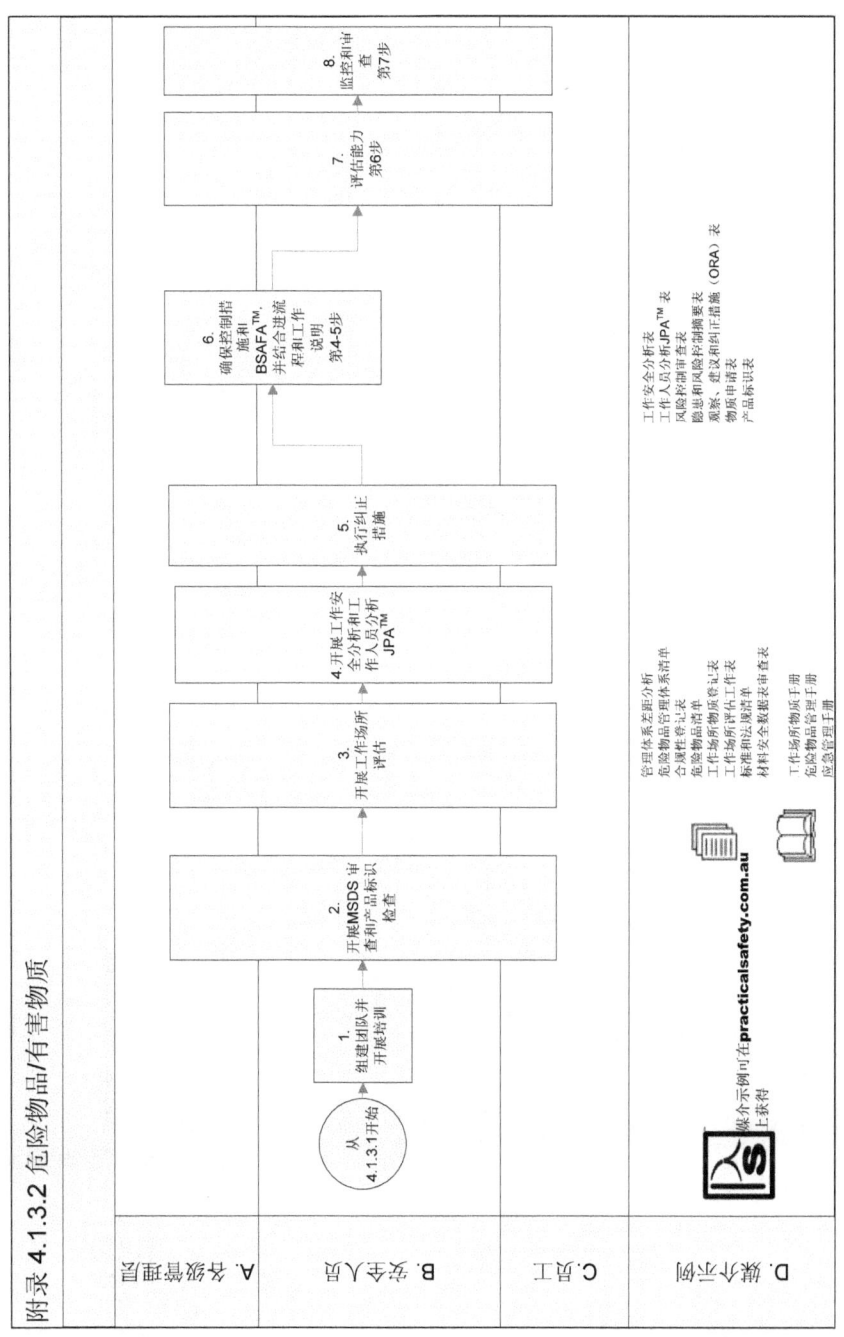

附录 4.1.3.2 危险物品/有害物质

附录4.1.3.3 危险物品/有害物质采购

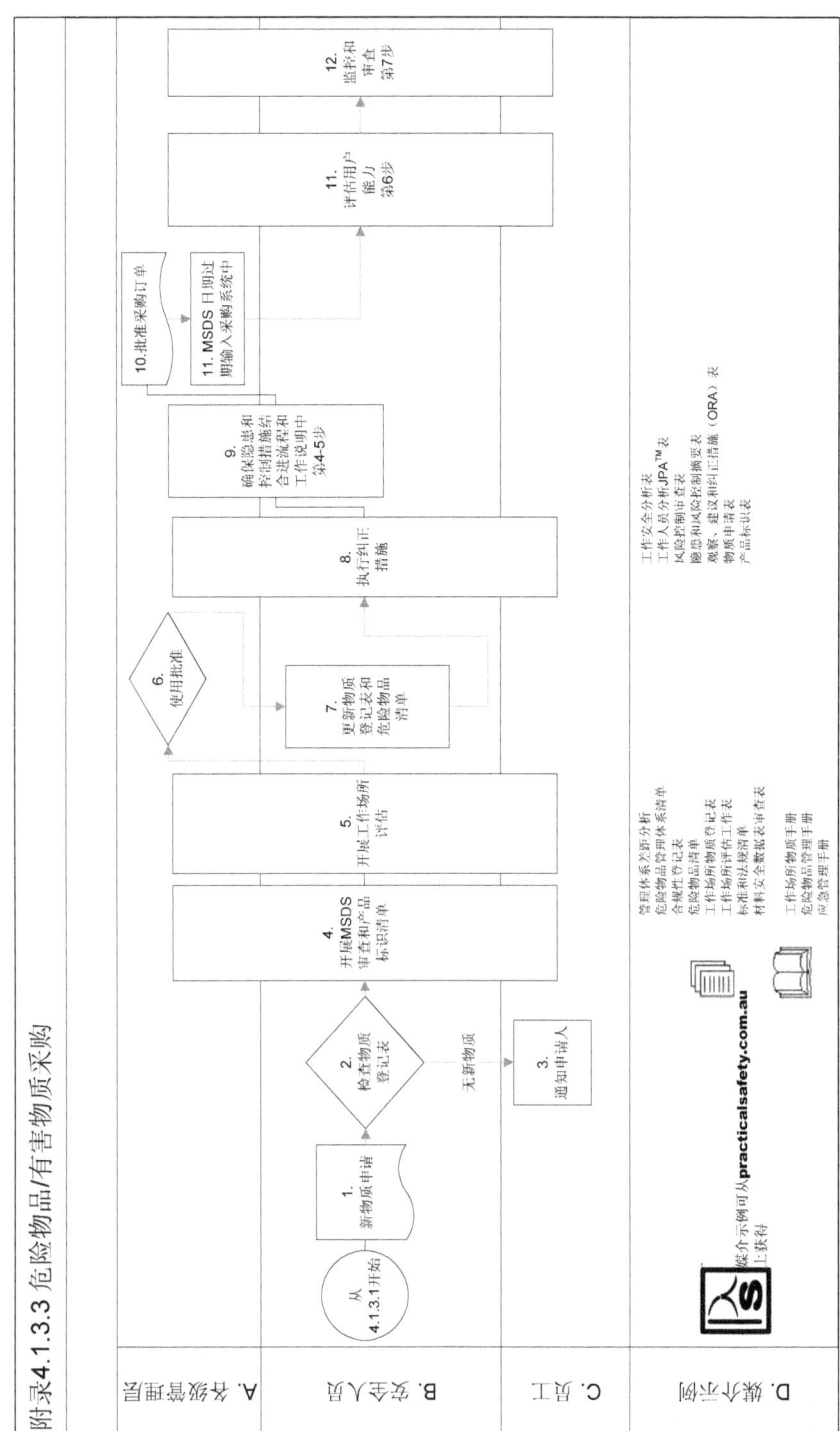

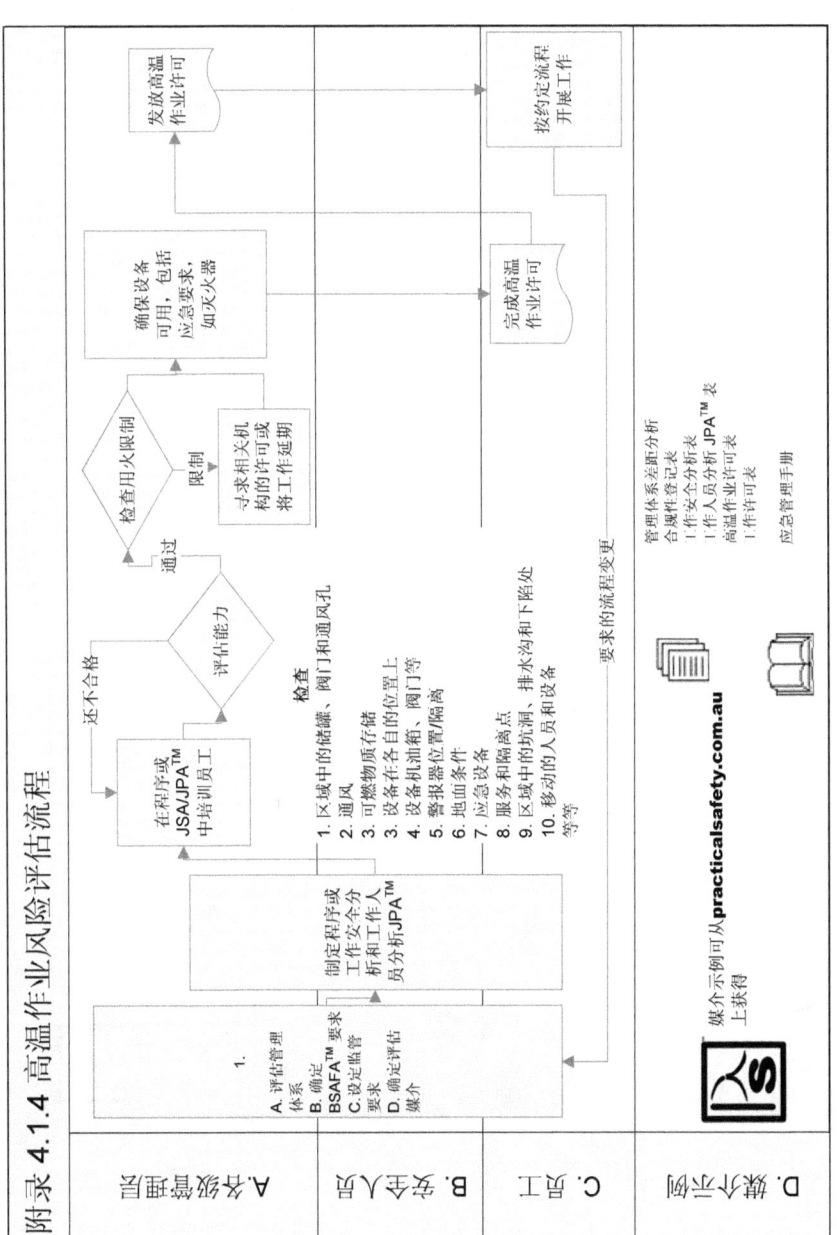

附录 4.1.4 高温作业风险评估流程

附录 4.1.5 挖掘进入风险评估流程

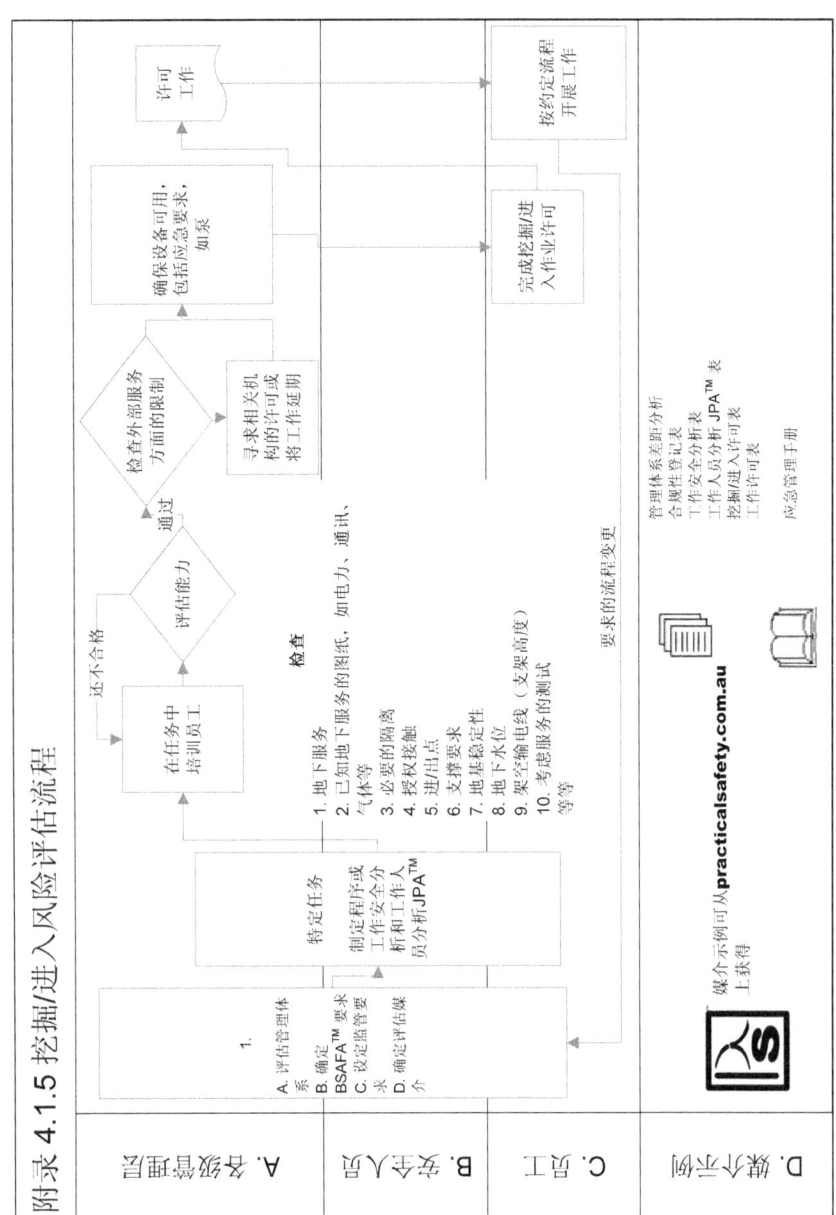

A. 系统最高管理层

1.
A. 评估管理体系
B. 确定 BSAFA™ 要求
C. 设定监管要求
D. 确定评估媒介

B. 任务人员

特定任务

制定程序或工作安全分析和工作人员分析JPA™

在任务中培训员工

检查

1. 地下服务
2. 已知地下服务的图纸，如电力、通讯、气体等
3. 必要的隔离
4. 授权接触
5. 进出点
6. 支撑要求
7. 地基稳定性
8. 地下水位
9. 架空输电线（支架高度）
10. 考虑服务的测试
等等

评估能力

还不合格

通过

检查外部服务方面的限制

寻求相关机构的许可或将工作延期

确保设备可用，包括应急要求，如表

许可工作

C. 员工

完成挖掘进入作业许可

按约定流程开展工作

D. 变更方面

要求的流程变更

管理体系差距分析
合规性登记表
工作安全分析表
挖掘进入许可JPA™表
工作许可表

应急管理手册

媒介示例可从 ***practicalsafety.com.au*** 上获得

附录4.1.6 电气风险评估流程

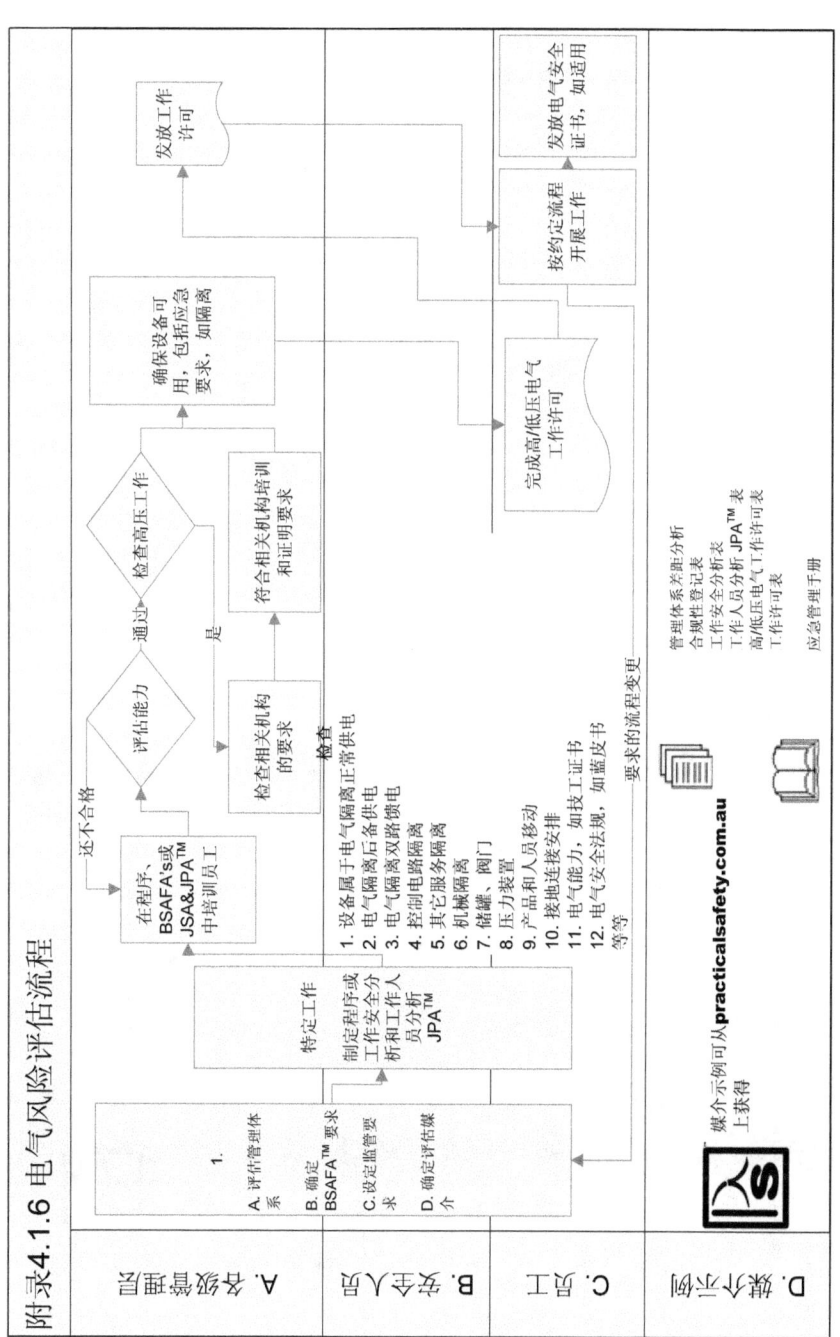

附录4.1.7.1 隔离锁定标定

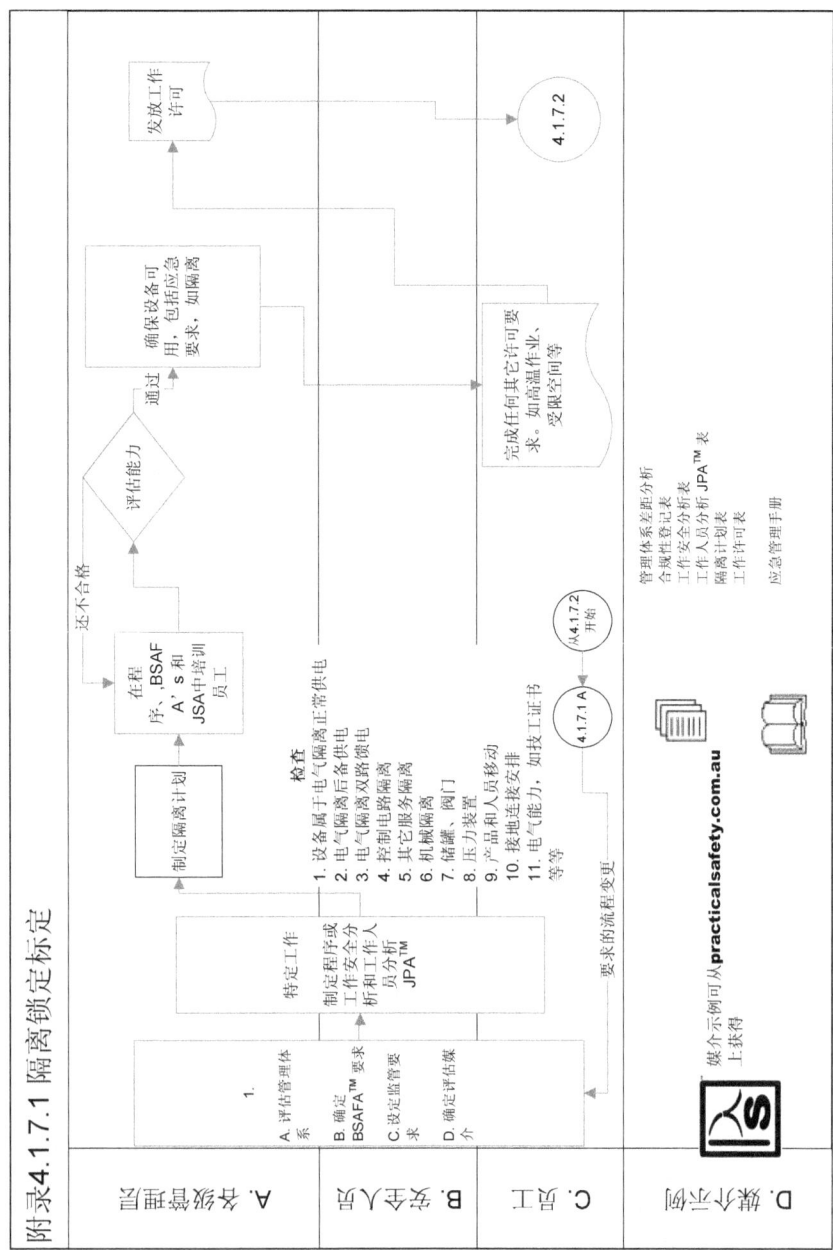

4.1.7.2 实用隔离

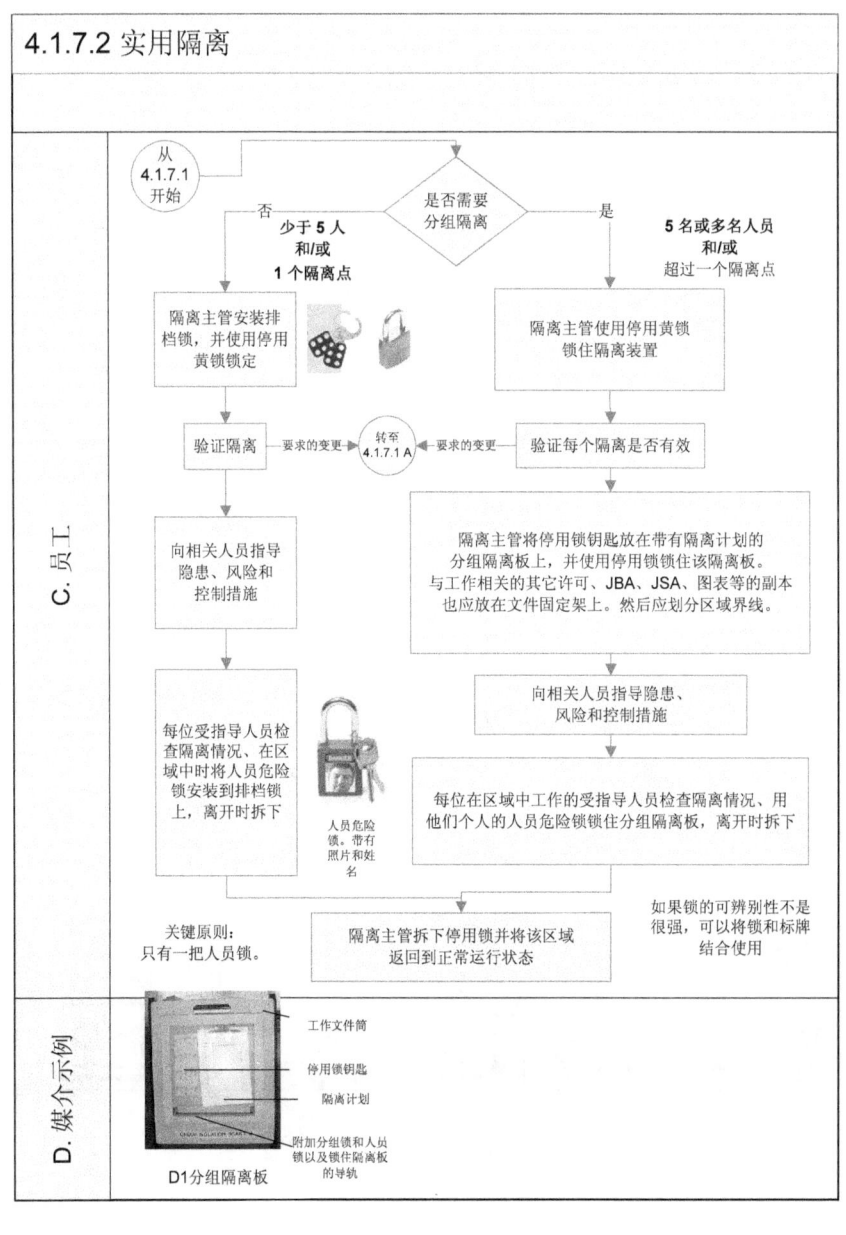

C. 员工

是否需要分组隔离

否 → **少于 5 人 和/或 1 个隔离点**

是 → **5 名或多名人员 和/或 超过一个隔离点**

从 4.1.7.1 开始

隔离主管安装排档锁，并使用停用黄锁锁定

隔离主管使用停用黄锁锁住隔离装置

验证隔离 ← 要求的变更 → 转至 4.1.7.1 A ← 要求的变更 → 验证每个隔离是否有效

向相关人员指导隐患、风险和控制措施

隔离主管将停用锁钥匙放在带有隔离计划的分组隔离板上，并使用停用锁锁住该隔离板。与工作相关的其它许可、JBA、JSA、图表等的副本也应放在文件固定架上。然后应划分区域界线。

每位受指导人员检查隔离情况、在区域中时将人员危险锁安装到排档锁上，离开时拆下

人员危险锁、带有照片和姓名

向相关人员指导隐患、风险和控制措施

每位在区域中工作的受指导人员检查隔离情况、用他们个人的人员危险锁锁住分组隔离板，离开时拆下

关键原则：只有一把人员锁。

隔离主管拆下停用锁并将该区域返回到正常运行状态

如果锁的可辨别性不是很强，可以将锁和标牌结合使用

D. 媒介示例

工作文件筒

停用锁钥匙

隔离计划

附加分组锁和人员锁以及锁住隔离板的导轨

D1分组隔离板

附录4.1.8 跌落风险评估流程

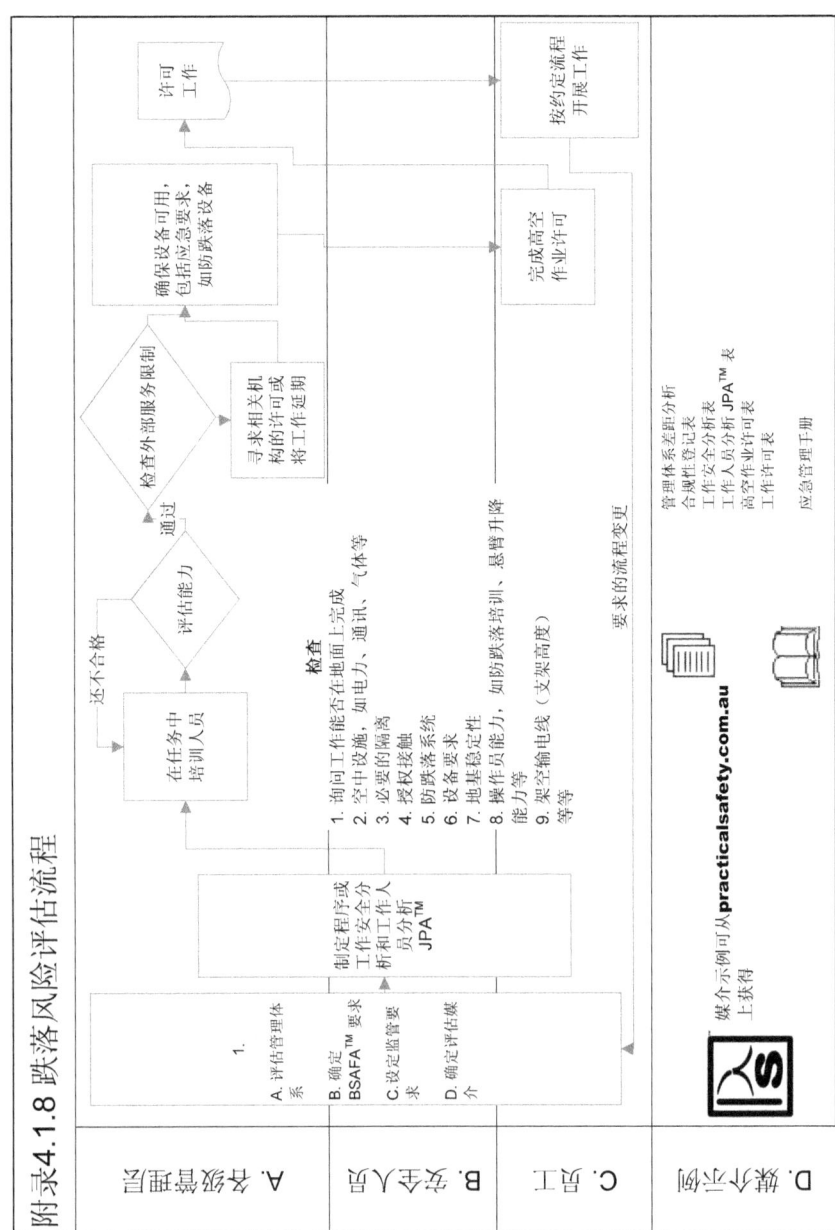

A. 角色和责任

A. 评估管理体系

B. 确定 BSAFA™ 要求

C. 设定监管要求

D. 确定评估媒介

制定程序或工作安全分析和工作人员 JPA™

1. 询问工作能否在地面上完成
2. 空中设施，如电力、通讯、气体等
3. 必要的隔离
4. 授权接触
5. 防跌落系统
6. 设备要求
7. 地基稳定性
8. 操作人员能力，如防跌落培训，悬臂升降能力等
9. 架空输电线（支架高度）等等

在任务中培训人员

评估能力

还不合格 / 通过

检查外部服务限制

寻求相关机构的许可或将工作延期

确保设备可用，包括应急跌落设备

许可工作

B. 关键人员

C. 工具

要求的流程变更

完成高空作业许可

按约定流程开展工作

D. 媒介/参考

管理体系差距分析
合规性登记表
工作人员分析表
高空作业许可表
工作许可表

应急管理手册

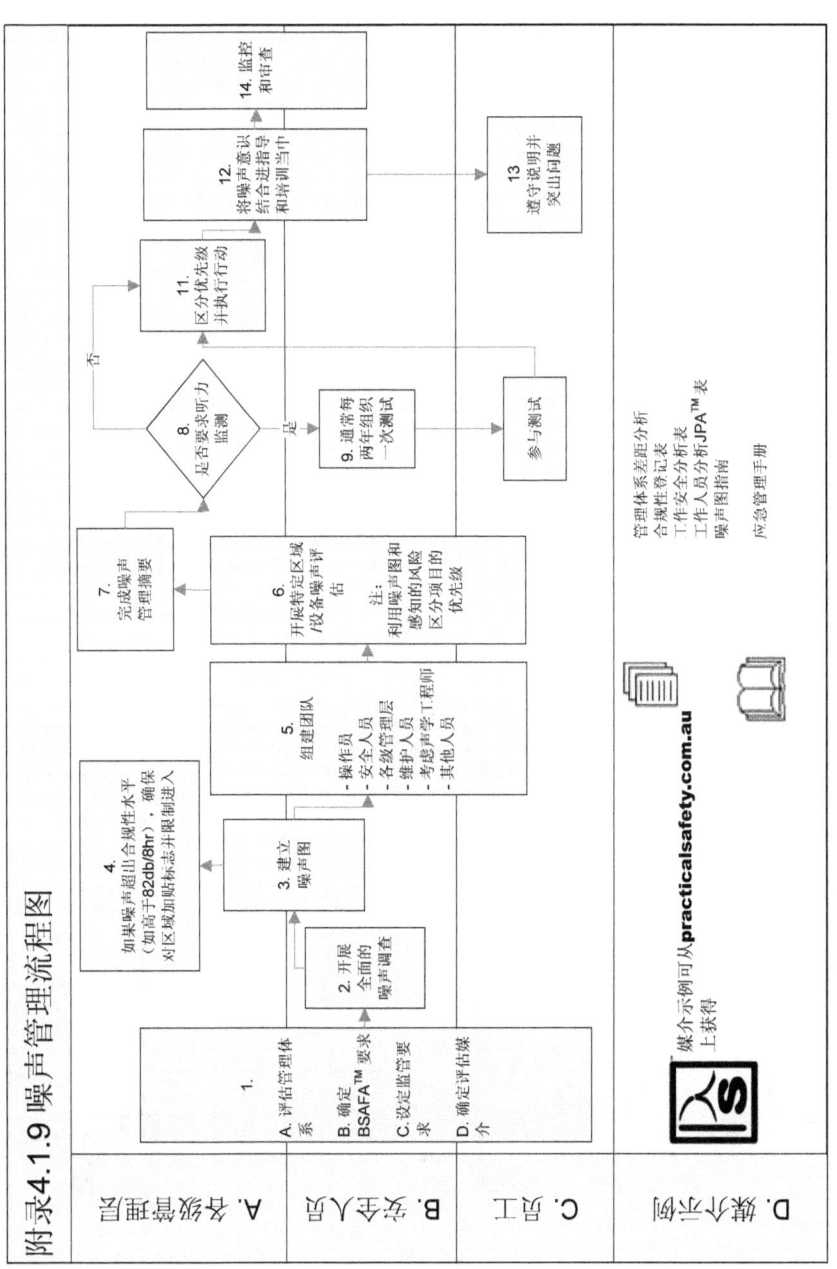

附录4.1.9 噪声管理流程图

A. 管理体系要求

1.
A. 评估管理体系
B. 确定 BSAFA™ 要求
C. 设定监管要求
D. 确定评估媒介

B. 相关人员

C. 员工

D. 媒介与方法

管理体系差距分析
合规性登记表
工作安全分析表
工作人员分析JPA™ 表
噪声图指南

应急管理手册

媒介示例可从 **practicalsafety.com.au** 上获得

2. 开展全面的噪声调查

3. 建立噪声图

4.
如果噪声超出合规性水平（如高于82db/8hr），确保对区域加贴标志并限制进入

5. 组建团队
- 操作员
- 安全人员
- 各级管理层
- 维护人员
- 考虑声学工程师
- 其他人员

6. 开展特定区域/设备噪声评估
注：利用噪声图和感知的风险区分项目的优先级

7. 完成噪声管理摘要

8. 是否要求听力监测

否

11. 区分优先级并执行行动

12. 将噪声意识结合进指导和培训当中

14. 监控和审查

是

9. 通常每两年组织一次测试

参与测试

13. 遵守说明并突出问题

附录 4.1.10 石棉管理流程图

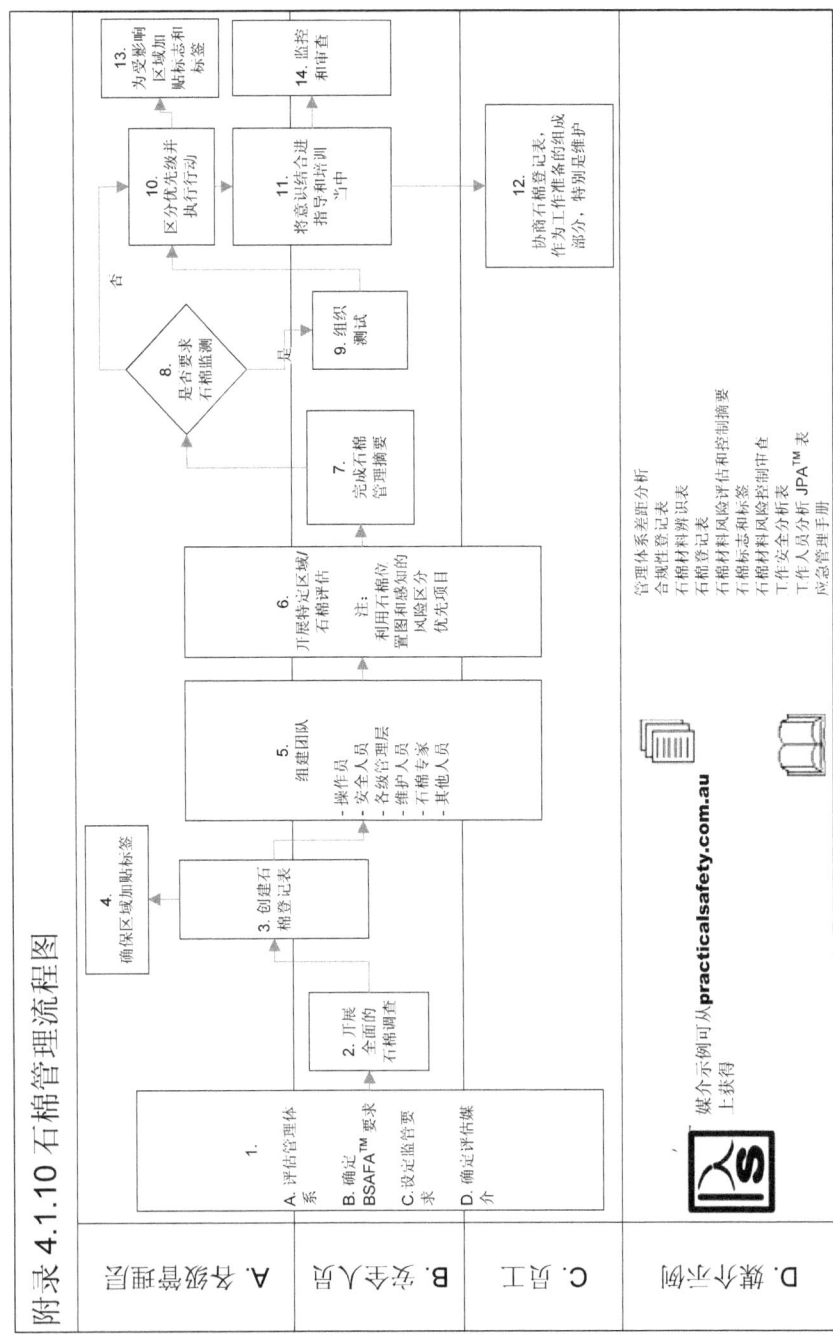

媒介示例可从 **practicalsafety.com.au** 上获得

附录 4.1.11 人工处理管理流程图

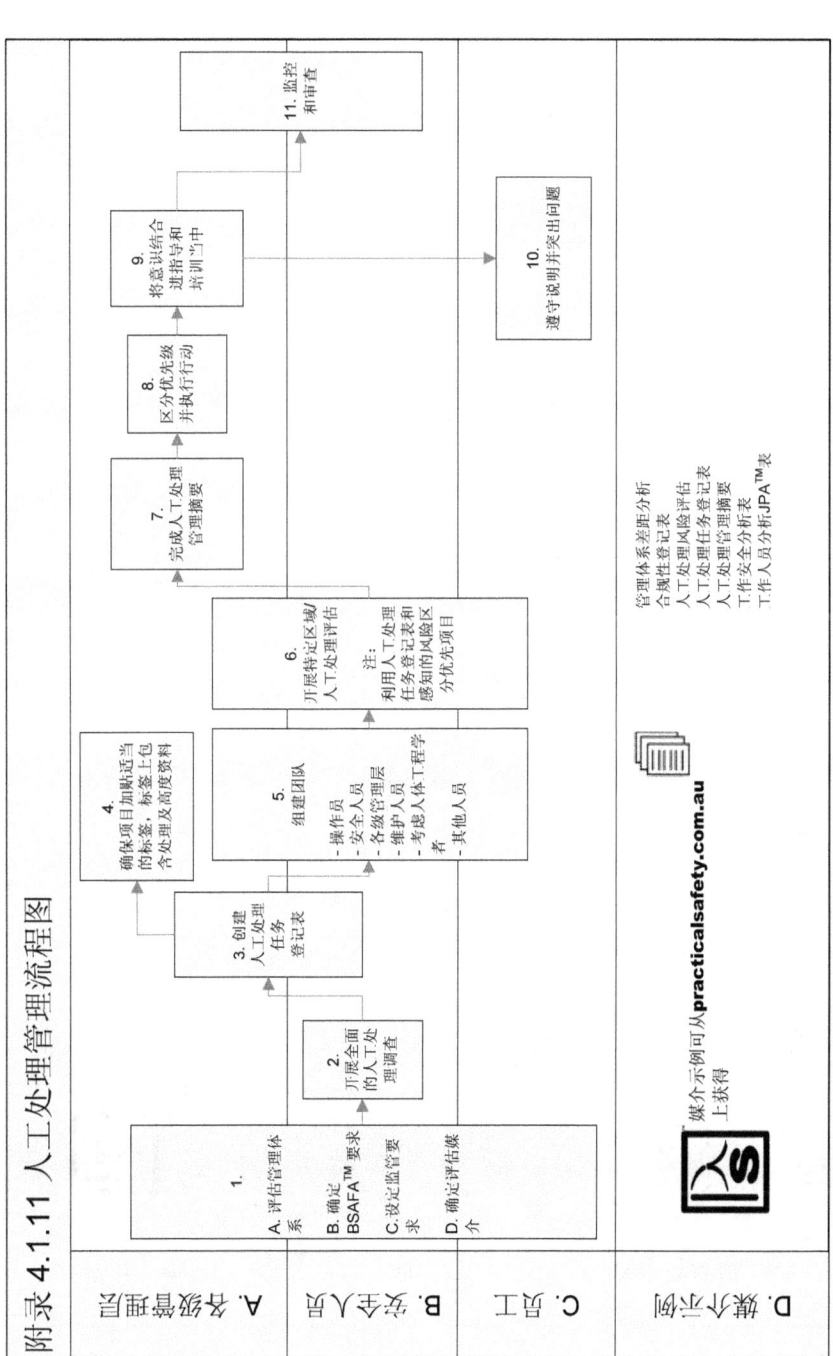

附录 4.1.12 人体工程学管理流程图

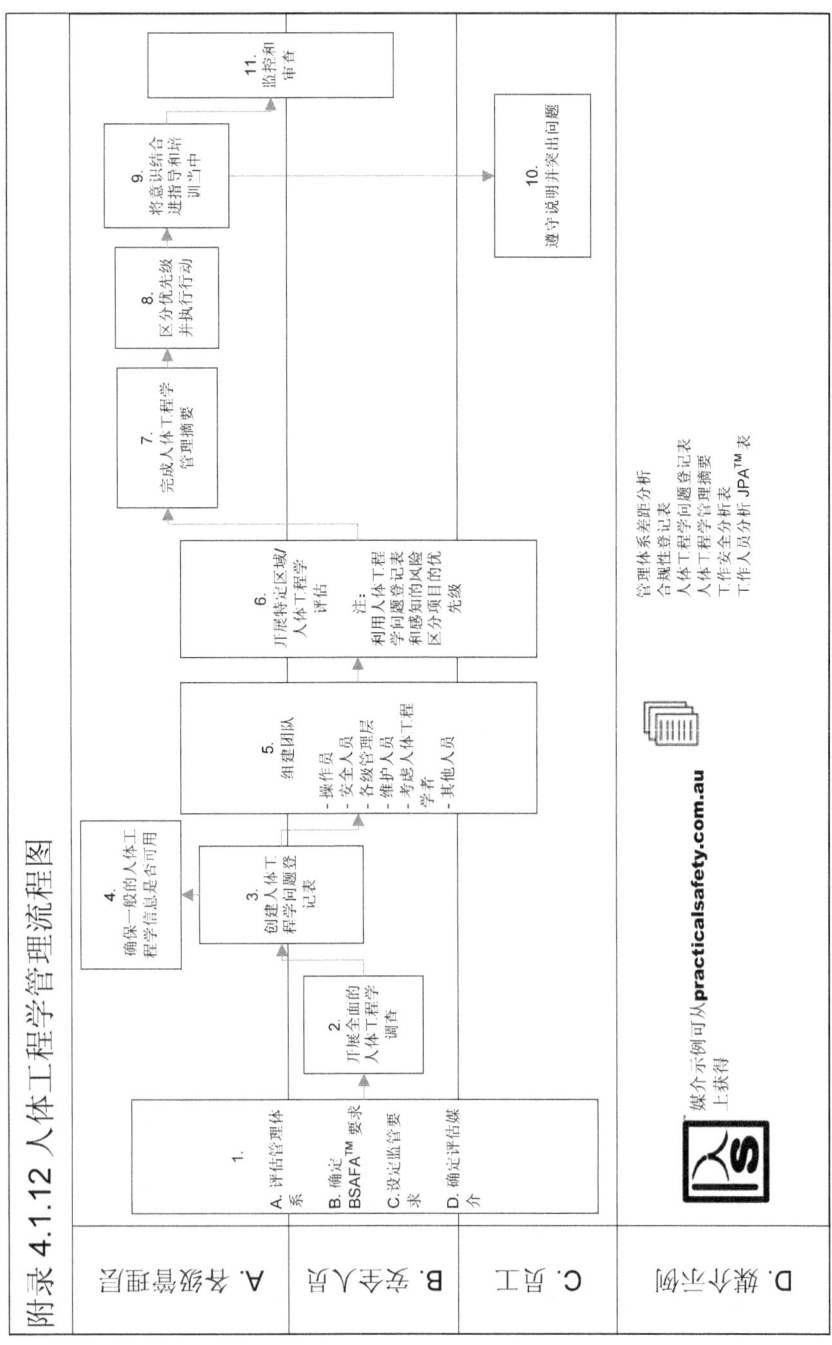

A. 管理体系	B. 人体工程学	C. 工程	D. 培训与监控

1.
A. 评估管理体系
B. 确定 BSAFA™ 要求
C. 设定监管要求
D. 确定评估媒介

2. 开展全面的人体工程学调查

3. 创建人体工程学问题登记表

4. 确保一般的人体工程学信息是否合可用

5. 组建团队
- 操作员
- 安全人员
- 各级管理层
- 维护人员
- 考虑人体工程学者
- 其他人员

6. 开展特定区域人体工程学评估

注：
利用人体工程学问题登记表和感知的风险区分项目的优先级

7. 完成人体工程学管理摘要

8. 区分优先级并执行行动

9. 将意识结合进指导和培训中

10. 遵守说明并采取出问题

11. 监控和审查

管理体系差距分析
合规性登记表
人体工程学问题登记表
人体工程学管理摘要
工作安全分析表
工作人员分析 JPA™ 表

媒介示示例可从 **practicalsafety.com.au** 上获得

附录 4.1.13 交通管理流程图

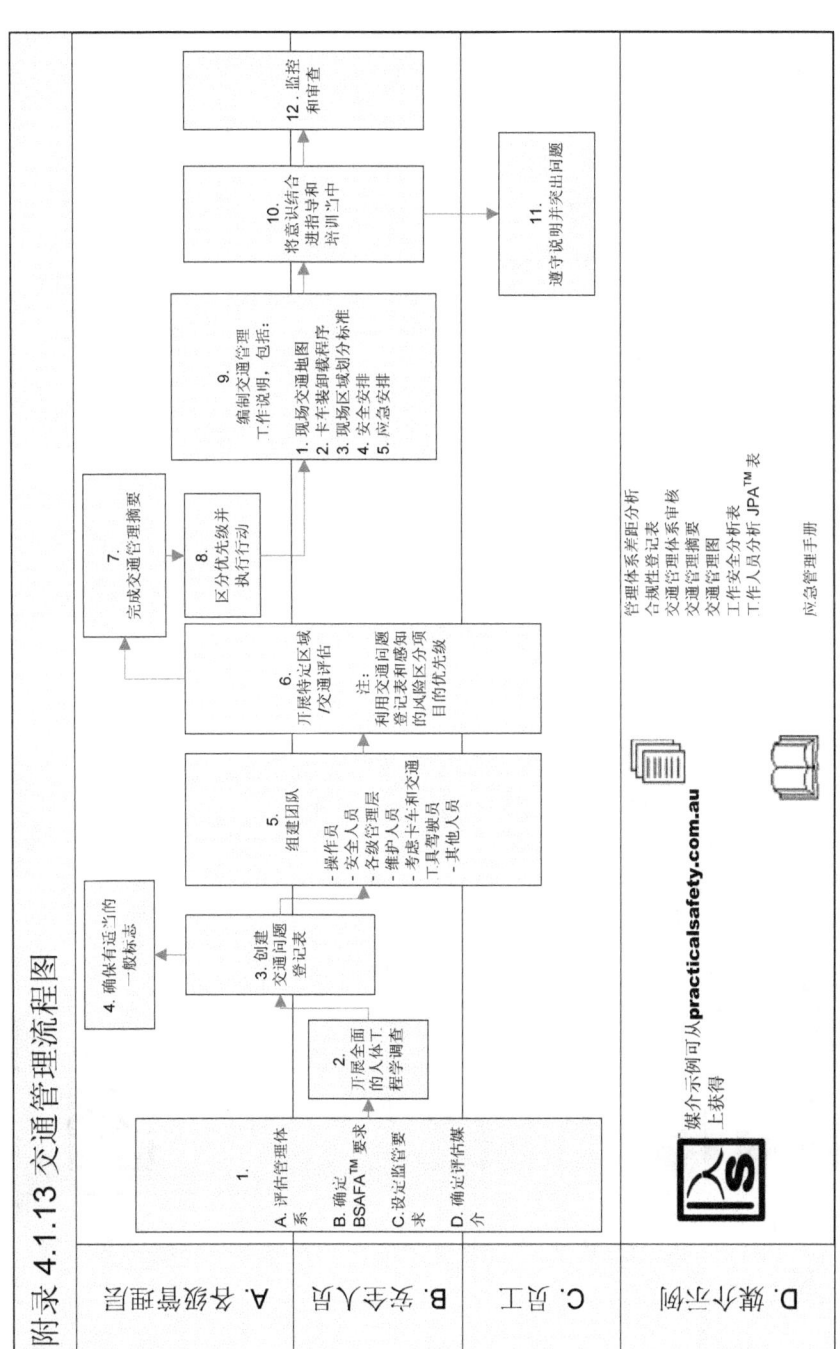

A. 关键管理原则

1.
A. 评估管理体系
B. 确定 BSAFA™ 要求
C. 设定监管要求
D. 确定评估媒介

B. 涉及人员

2. 开展全面的人体工程学调查

3. 创建交通问题登记表

4. 确保有适当的一般标志

5. 组建团队
- 操作人员
- 安全人员
- 各级管理层
- 维护人员
- 叉车和其他交通工具驾驶员
- 其他人员

C. 工具

6. 开展特定区域/交通评估
注：利用交通问题登记表和感知的风险区域的目的优先级

7. 完成交通管理摘要

8. 区分优先级并执行行动

9. 编制交通管理工作说明，包括：
1. 现场交通地图
2. 卡车装卸载程序
3. 现场区域划分标准
4. 安全安排
5. 应急安排

10. 将意见结合进指导和培训当中

11. 遵守说明并突出问题

12. 监控和审查

D. 媒介支撑

管理体系差距分析
合规性登记表
交通管理体系审核
交通管理摘要
工作安全分析表
工作人员分析 JPA™ 表

应急管理手册

媒介示例可从 *practicalsafety.com.au* 上获得

附录 4.1.14 铝管理流程图

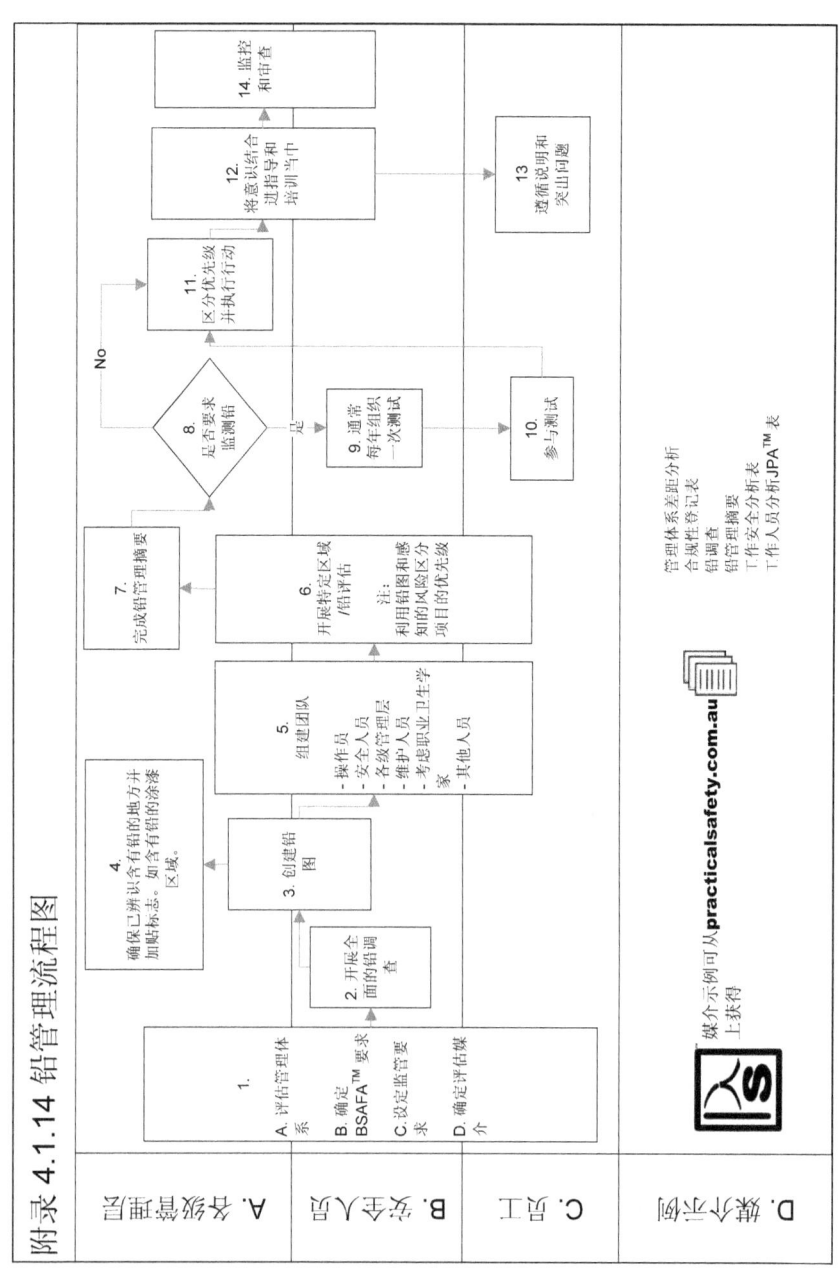

A.差距评估/调研	1. A. 评估管理体系 B. 确定 BSAFA™ 要求 C. 设定监管要求 D. 确定评估媒介		
B.沟通/培训			
C.行动			
D.维护/审核			

2. 开展全面的铅调查

3. 创建铅图

4. 确保已辨识含有铅的地方并加贴铅的状态。如含有铅的涂料区域。

5. 组建团队
- 操作员
- 安全人员
- 各级管理层
- 维护人员
- 考虑职业卫生学专家
- 其他人员

6. 开展特定区域铅评估
注：
利用铅图和感知的风险区分项目的优先级

7. 完成铅管理摘要

8. 是否要求监测铅

9. 通常每年组织一次测铅

10. 参与测试

11. 区分优先级并执行行动

12. 将意识结合进指导与级培训当中

13. 遵循说明和突出问题

14. 监控和审查

管理体系差距分析
合规性推荐记录
铅调查
铅管理摘要
工作安全分析表
工作人员分析JPA™表

媒介示例可从 **practicalsafety.com.au** 上获得

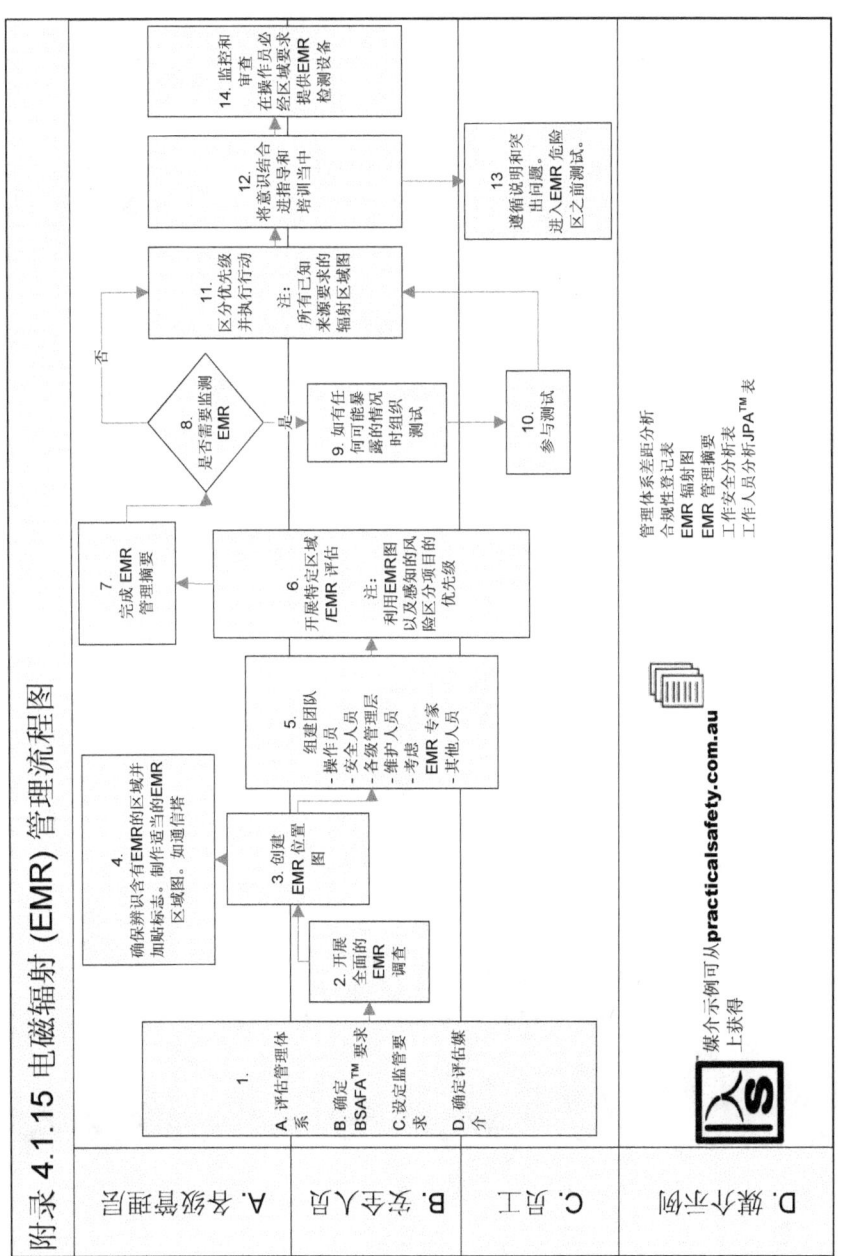

附录 4.1.15 电磁辐射 (EMR) 管理流程图

附录4.1.16.1 应急管理流程图

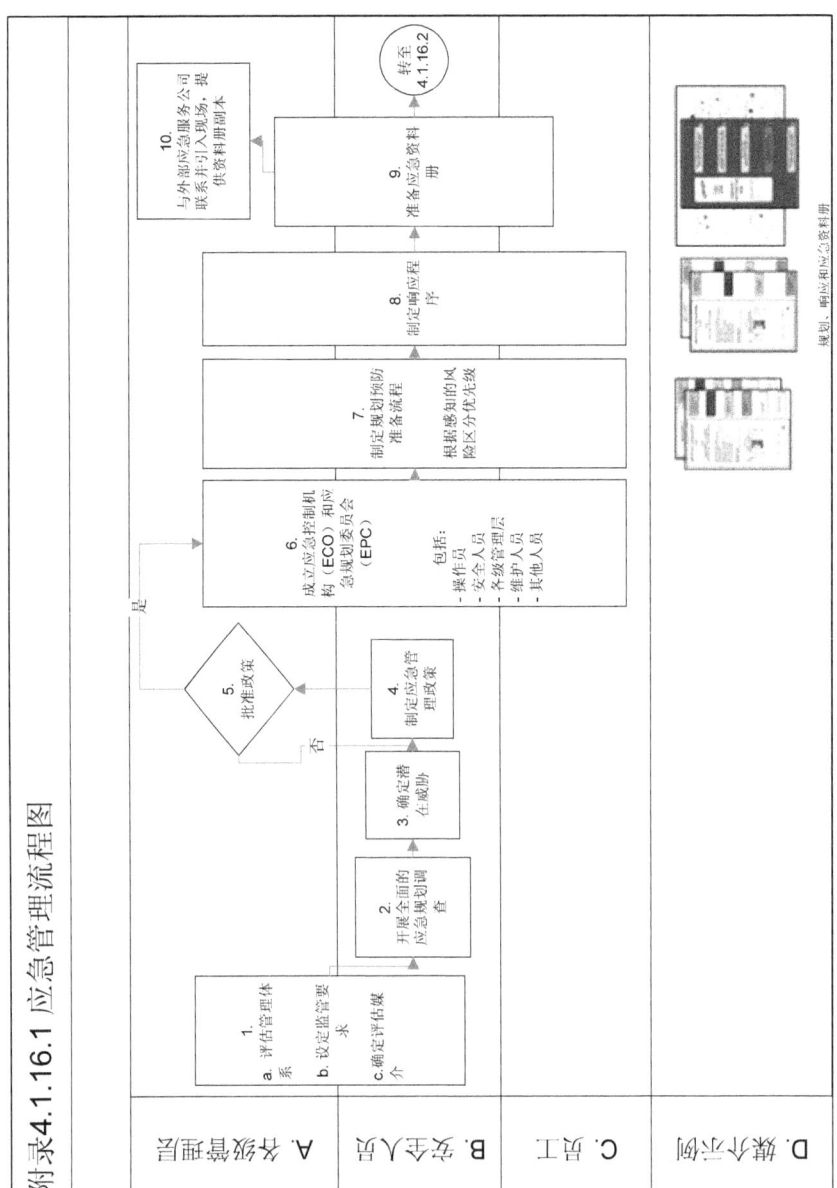

模型、响应和应急资料册

4.1.16.2 应急管理流程

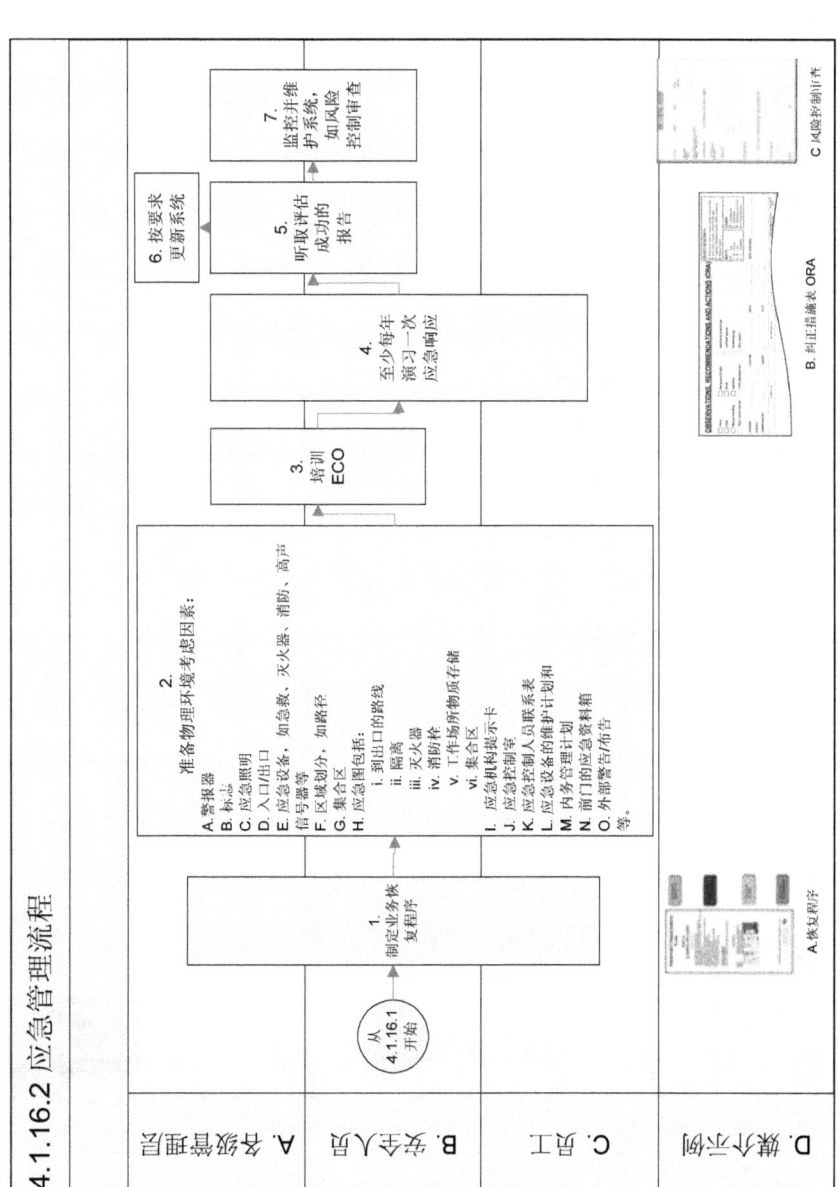

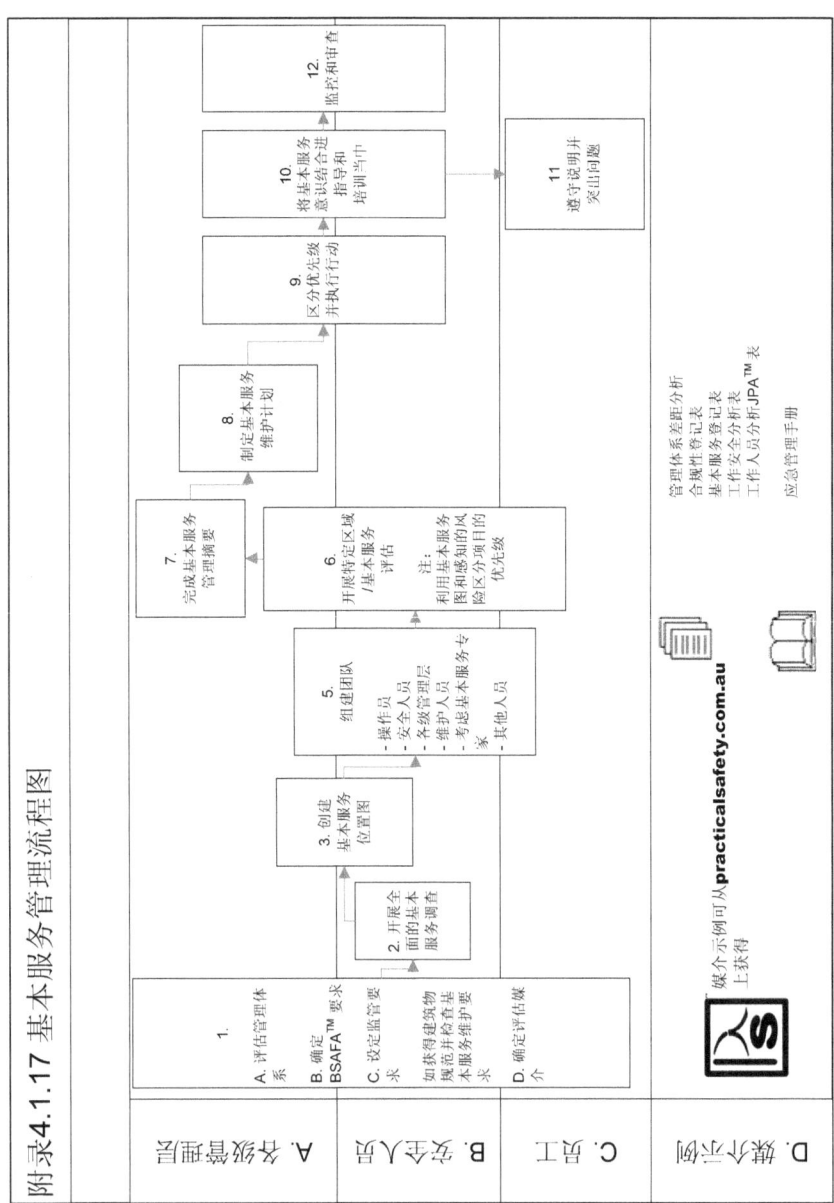

附录4.1.17 基本服务管理流程图

附录4.1.18 急救规定管理流程图

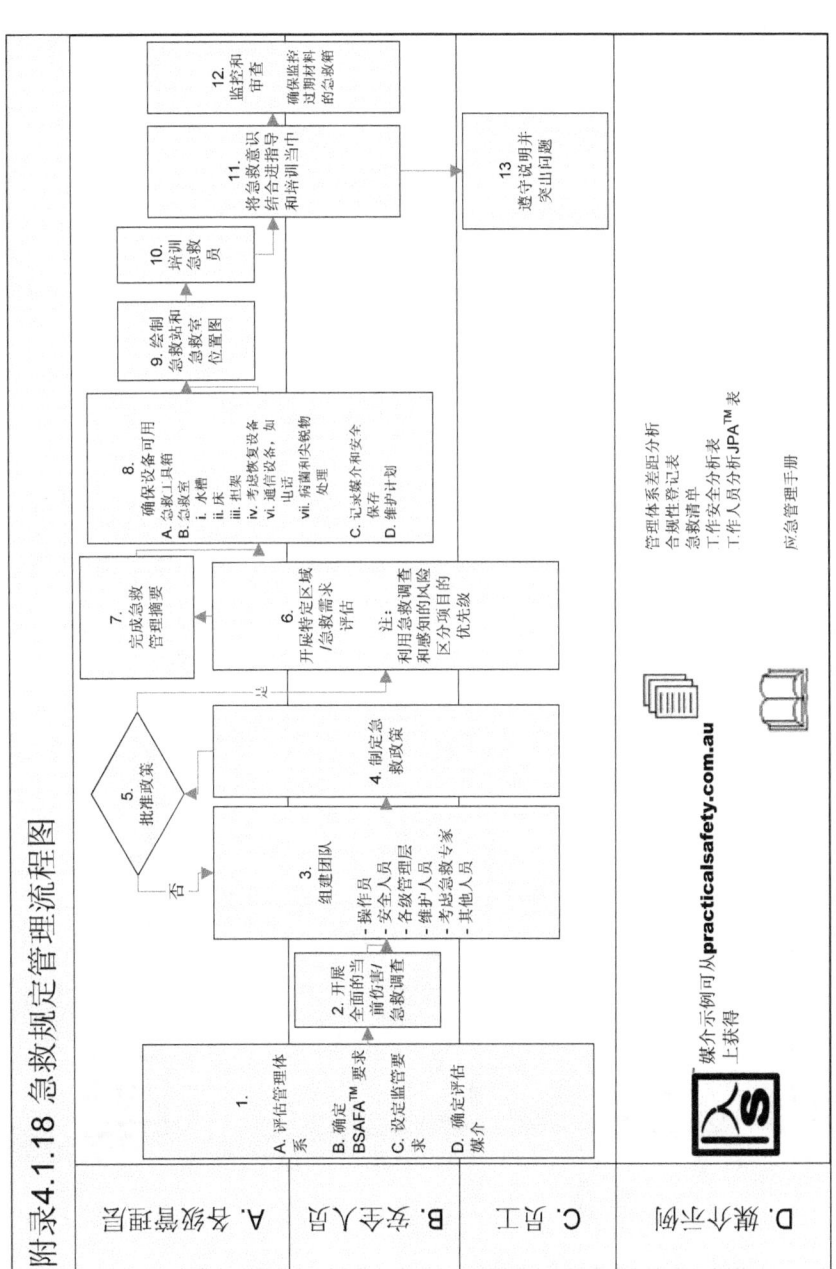

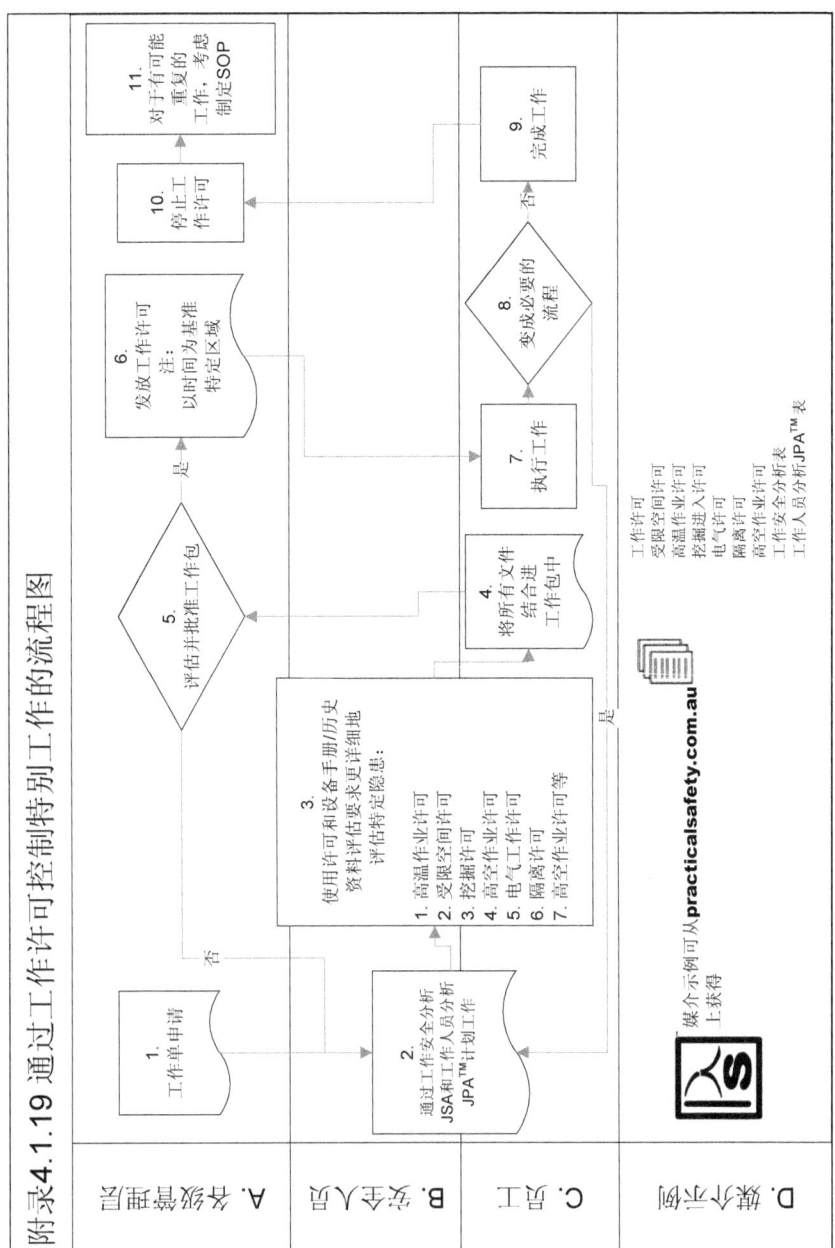

附录4.1.19 通过工作许可控制特别工作的流程图

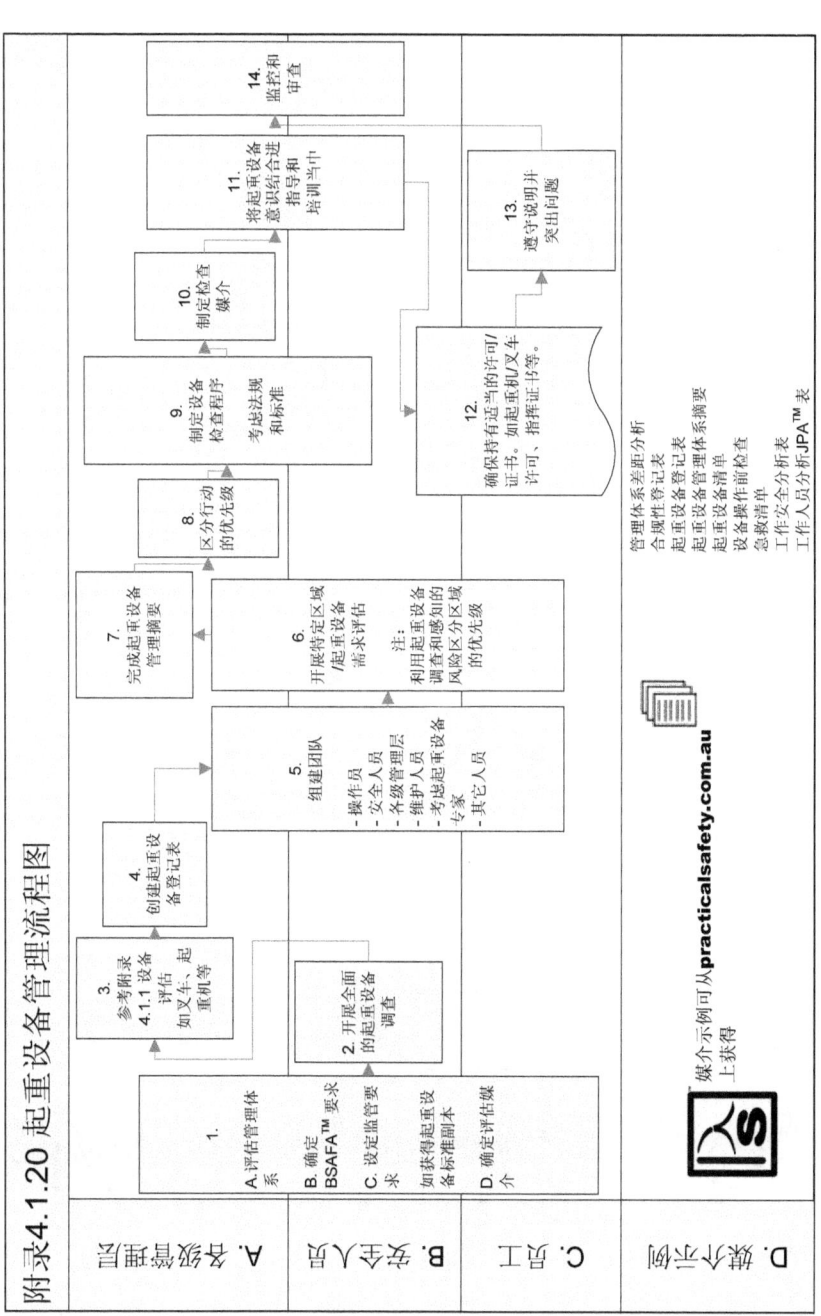

附录4.1.20 起重设备管理流程图

A. 管理体系

1.
A. 评估管理体系
B. 确定 BSAFA™ 要求
C. 设定监管要求 如何获得起重设备标准副本
D. 确定评估媒介

B. 体系人员

3. 参考附录 4.1.1 设备评估，如叉车、起重机等

2. 开展全面的起重设备调查

4. 创建起重设备登记表

5. 组建团队
- 操作员
- 安全人员
- 各级管理层
- 维护人员
- 熟悉起重设备专家
- 其它人员

7. 完成起重设备管理摘要

C. 工程

6. 开展特定区域/起重设备需求评估

注：利用起重设备调查和感知的风险区分区域的优先级

8. 区分行动的优先级

9. 制定设备检查程序 考虑法规和标准

10. 制定检查媒介

11. 将起重设备意识纳入合进指导和培训当中

14. 监控和审查

12. 确保持有适当的许可/证书。如起重机叉车许可、指挥证书等。

D. 工作人员

13. 遵守说明并突出问题

管理体系差距分析
合规性存档记录
起重设备登记表
起重设备管理体系摘要
设备操作前检查
急救清单
工作安全分析表
工作人员分析JPA™表

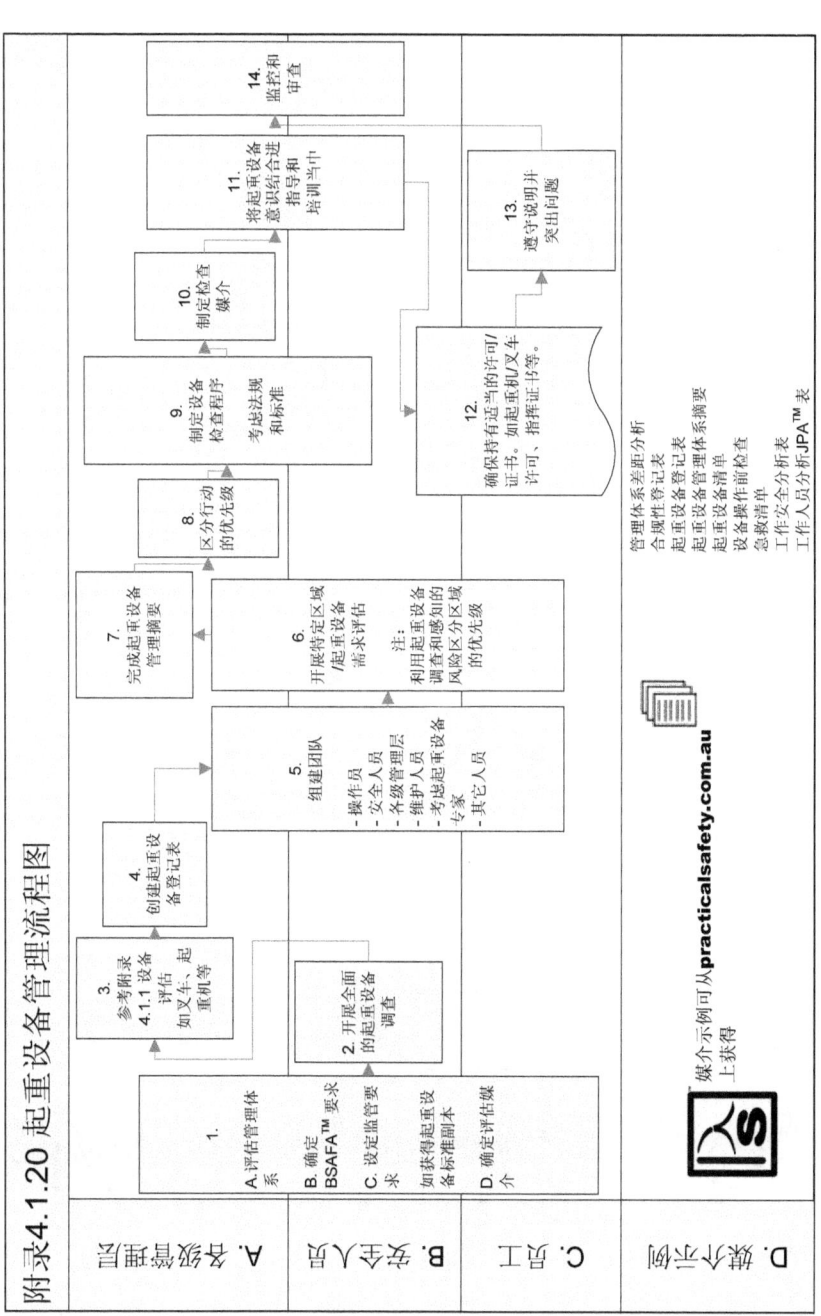

媒介示例可从 *practicalsafety.com.au* 上获得

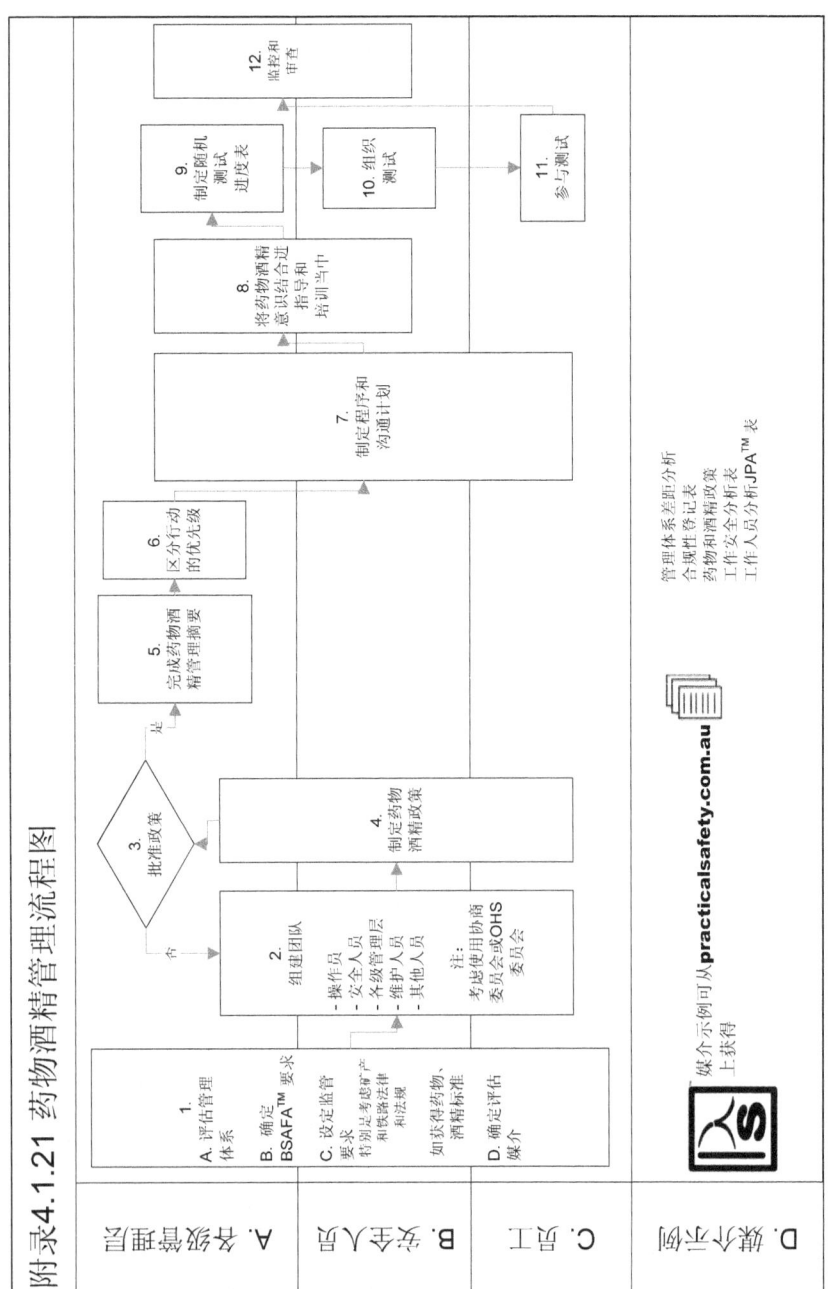

附录4.1.21 药物酒精管理流程图

A. 设备/管理层

1.
A. 评估管理体系
B. 确定BSAFA™ 要求
C. 设定监管要求
特别是考虑产和快路法律和法规
如获得药物、酒精标准
D. 确定评估媒介

B. 他人/法律

2.
组建团队
- 操作员
- 安全人员
- 各级管理层
- 维护人员
- 其他人员

注：
考虑使用协商委员会或OHS委员会

3.
批准政策

是 → 5.
完成药物酒精管理摘要

4.
制定药物酒精政策

6.
区分行动的优先级

7.
制定程序和沟通计划

8.
将药物酒精意识结合进指导和培训当中

C. 工厂

9.
制定随机测试进度表

10.
组织测试

11.
参与测试

12.
监控和审查

D. 文件/记录

管理体系差距分析
合规性存记录表
药物和酒精政策
工作安全分析表
工作人员分析JPA™ 表

媒介示例可从 **practicalsafety.com.au** 上获得

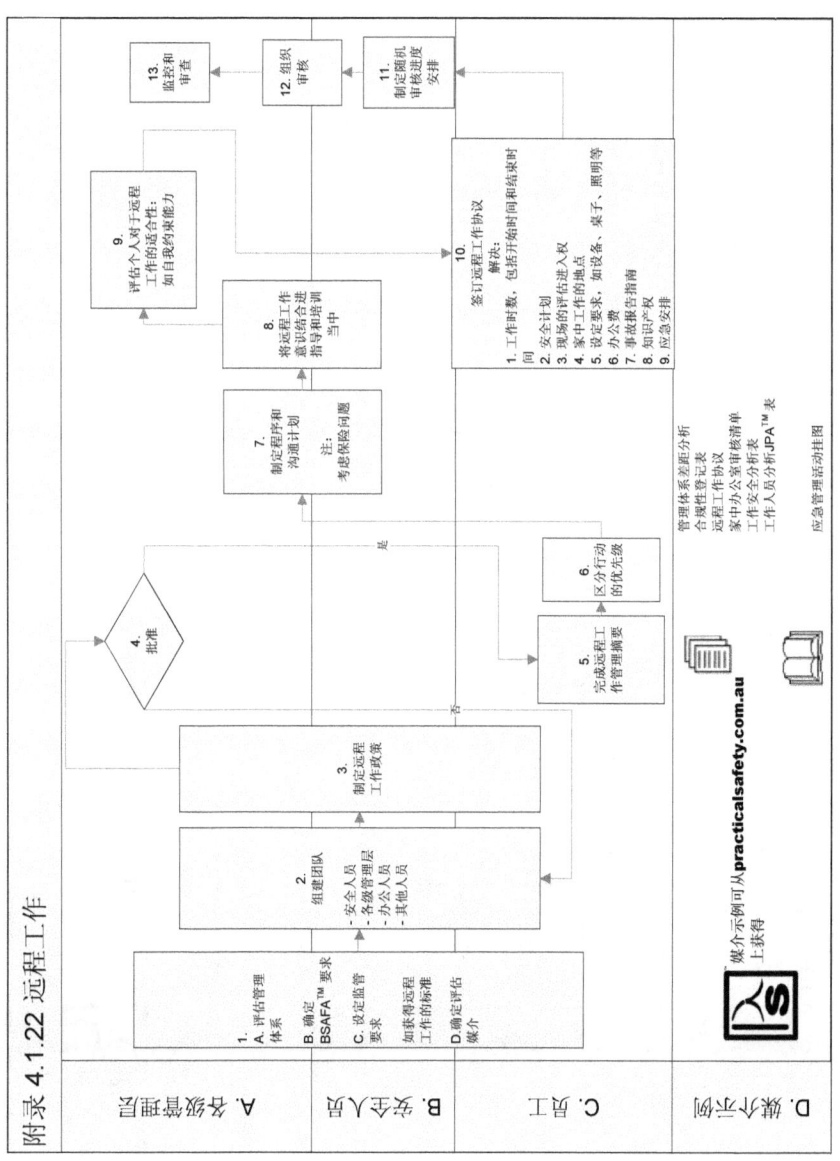

附录 4.1.22 远程工作

附录 4.1.23 工程设计管理流程图

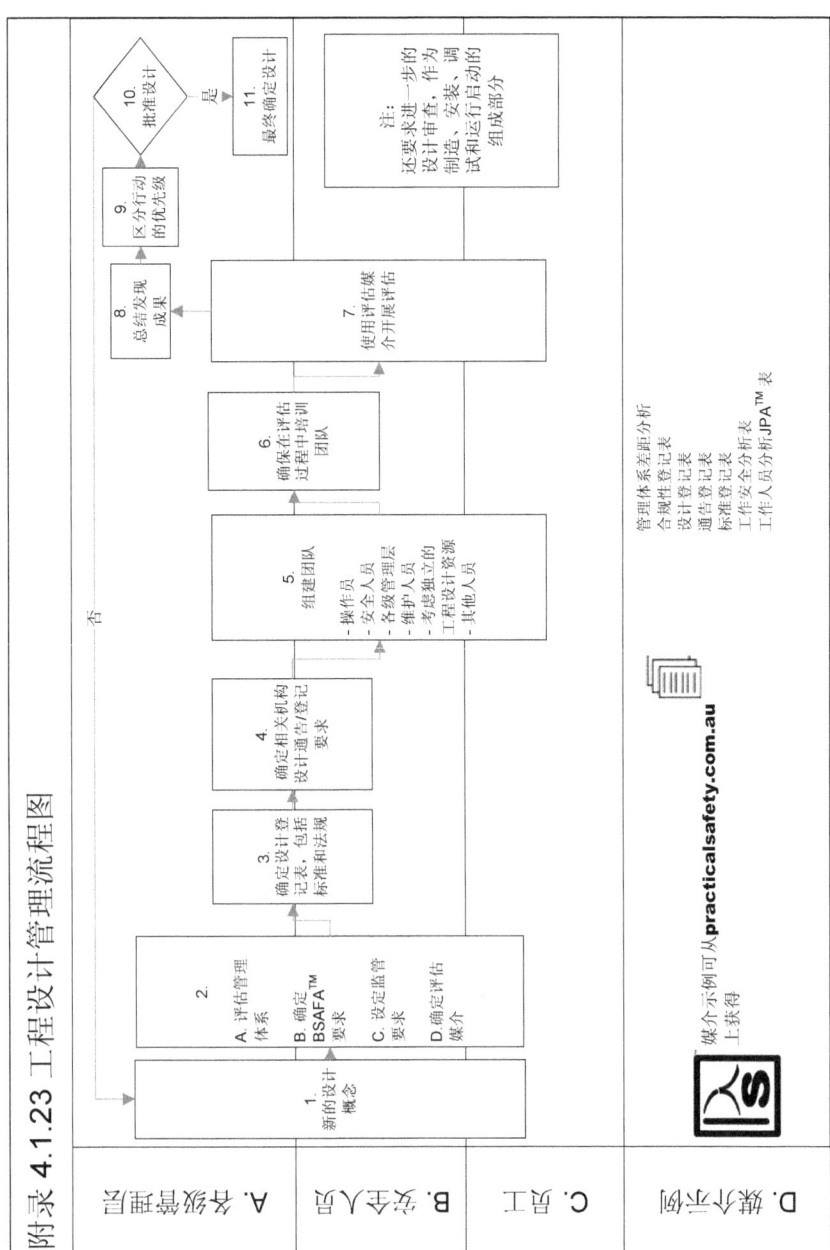

A. 系统管理

B. 负责人员

C. 工程

D. 媒介示例

1. 新的设计概念

2.
A. 评估管理体系
B. 确定 BSAFA™ 要求
C. 设定监管要求
D. 确定评估媒介

3. 确定设计登记表，包括标准和法规

4. 确定相关机构设计通告/登记要求

5. 组建团队
- 操作员
- 各级管理层
- 维护人员
- 考虑独立的工程设计资源
- 其他人员

6. 确保在评估过程中培训团队

7. 使用评估媒介开展评估

8. 总结发现成果

9. 区分行动的优先级

10. 批准设计

11. 最终确定设计

是

否

注：
还要求进一步的设计审查，作为制造、安装、调试和运行启动的组成部分

管理体系差距分析
合规性登记表
设计登记表
通告登记表
工作安全分析表
工作人员分析JPA™表

媒介示例可从 **practicalsafety.com.au** 上获得

4.1.24 承包商和项目管理

标前	**评估建议书** 1. 辨识隐患 2. 评估风险 3. 提出控制措施	**记录** 1. 风险评估结果
投标	**记录投标** 1. 记录概念性风险评估发现结果，包括隐患和风险 2. 确定法律影响 3. 确定标准 4. 扩大能力要求	2. 投标文件 3. 合规性登记表 4. 标准登记表 5. 能力矩阵
进场	**授予合同** 1. 授予合同 2. 确定机密性要求 3. 确定问题解决协议 4. 确定关键绩效指数——客户/总承包商和分包商 5. 确定报告要求 6. 建立对项目里程碑的了解 7. 澄清分包商的使用问题以及信息如何传递的问题 **进入现场** 1. 确定现场以及现场各区域的进出控制 2. 通行证（考虑在通行证上注明能力区别） 3. 进入要求 4. 确定工作场所物质控制措施 **现场建设** 1. 建立现场便利设施 2. 建立工作区 3. 化学品存储区 4. 安装敷设区 5. 成立现场安全委员会 6. 制定工具箱会议安排 7. 使用文件记录事故同胞要求 8. 建立现场观察和审核体系 9. 项目执行计划到位 10. 确定人员要求 BSAFA™ 11. 员工选择	6. 保密协议 7. 会议记录 8. KPI 9. 现场计划 10. 安全委员会章程 11. 会议安排 12. 带有里程碑的项目计划 13. 招募记录 14. 医疗记录 15. 工作人员分析JPA™记录
执行	**执行** 1. 指导所有人员 2. 确保能力并建立能力矩阵 3. 发布工作包 4. 在JSA以及其它支持媒介上记录员工隐忠、风险以及控制措施 5. 现场控制员评估JSA并在控制措施适当的情况下发放工作许可。 6. 报告所有事故并开展调查 7. 进度会议，召开工具箱会议 8. 响应数据的现场安全委员会	16. 指导、技能和能力矩阵 17. 员工个人文件 18. 工作包 19. 风险评估、JSA、许可记录 20. 事故记录 21. 工具箱记录 22. 管理会议记录 23. 现场日志 24. 现场安全委员会记录 25. 事故记录 26. 项目计划进度 27. 偏差和问题解决记录 28. 纠正措施/验证记录 29. 分包商记录 30. 观察和审核记录 31. 绩效统计——反应性统计和主动统计 32. 完工记录 33. 测试记录
移交	**项目完工** 1. 已记录完工项目的隐忠和风险评估 2. 概述操作能力 3. 概述和/或提供操作培训要求 4. 提供维护资料 5. 已完成设备文档——手册、保证书等	33. 隐患和风险评估 34. 风险控制文件 35. 运行能力 36. 调试记录 37. 设备文档 38. 测试记录 39. 移交签核

Go to…

practicalsafety.com.cn

附录 4.2 实用安全流程管理体系差距分析		
基本因素	是	否
是否有安全愿景？		
安全价值观和原则是否已确定？		
是否有包含安全问题的计划体系？		
是否有分配职责和权力的体系？		
是否有协商体系？		
是否有安全讯息的沟通流程？		
是否有设定安全目标的体系？		
是否详细计划 BSAFA™ 来实现这个目标？		
是否详细计划您的必要设计？		
是否已分配人员负责转变？		
可交付成果是否可测量且是否有设定日期？		
管理层是否拨出时间执行走动式管理？		
这些时间是否可测量？		
主动衡量指标和反应性衡量指标是否达到很好的平衡？		
是否充分了解安全成本？主动成本和结果成本？		
是否有分配安全预算的体系？		
是否有文件管理体系？		
是否有变更管理体系？		
是否查看法律和标准？		
是否有认可和奖励机制？		
是否有测量安全数据的体系？		
是否有衡量并审查这些数据的讨论会？		
是否有有经验、有能力的 OH&S 人员来提供建议？他们是否具备适当的资质？		
如果以上所有问题的回答都是"是"，您就已经具备成功的先决条件，可以继续。		

实用安全流程第 1 步	是	否
隐患辨识和风险评估		
是否已经建立什么是隐患的共识？		
是否有基于可能性及后果的风险评估体系？		
是否已为企业中的关键隐患建立隐患辨识和风险评估流程？		
设备		
工作场所物质		
受限空间		
高温作业		
挖掘		
电气		
噪声		
石棉		
人工处理		
人体工程学		
交通		
是否有必要可用的评估媒介？		
是否有可用的培训材料？		
是否有可用的能力评估工具？		
是否有记录评估数据的体系？		
是否有适当的人员参与，即各级人员？		
是否有从评估中总结出发现结果的方法？		
是否有为行动区分优先次序并跟踪行动的方法？		

实用安全流程第 2 步	是	否
第 2 步确定理想人员要求 BSAFA™		
是否有确定理想行为的方法？		
是否有确定理想技能的方法？		
是否有确定理想态度的方法？		
是否有确定理想感觉的方法？		
是否有确定理想素质的方法？		
是否有确定核心 BSAFA™ 的体系？		
是否有确定特定 BSAFA™ 任务的体系？		
是否有将 BSAFA™ 要求并入能力和绩效模型要求中的体系？		

实用安全流程第 2 步 续	是	否
是否有监控 BSAFA™ 的体系？		
管理人员的角色是否起到安全行为的榜样作用？在开展安全改善行动时是否表现出领导力和正确的态度？		
管理人员是否知道管理体系政策？包括 OHS、康复、骚扰、质量和环境		
如果安全和其它业务重点存在冲突，管理层是否尽可能在可行的范围内尽量减少员工、环境和公司的风险？		

实用安全流程第 3 步	是	否
第 3 步 评估合规性		
是否有了解合规性义务 的体系？		
是否有评估标准要求的体系？		
是否有跟踪合规性变化的体系？		
是否有能够应对、反应或影响未来法律或标准的合规性战略？		
是否开展合规性评估？		
是否有合规性登记表？		
是否已经确定特定的通告/许可要求？		
起重机		
压力容器		
电梯		
危险物品		
是否已检查其它不确定情况		
是否知道许可义务？		
是否有可用的记录？		
是否知道并预定换发新证的日期？		
是否了解设备安全法规的合规性要求？		
是否有设备登记表的证据？		
是否已登记规定的设备？		
是否有隐患辨识、风险评估和控制的证据？		
设备、工作制度		
风险控制措施是否到位？		
是否监控和审查风险控制措施？		

实用安全流程第 3 步续	是	否
是否有设备检查和维护的证据？		
是否有向员工和承包商提供资料、培训和指导的证据？		
是否有变更管理程序？		
您是否设计/生产/供应设备？		
是否了解您的义务？		
是否有标书、合同以及订单上要求的隐患和风险声明以及要求的证据？		
在收到货物时，是否有针对技术规范检查的证据？		
是否了解危险物品/有害物质法规的合规性？		
是否有已经尽量减少危险物品/有害物质数量和类型的证据？		
是否需要监管通报或消防队书面建议？		
是否有控制物质采购的"门槛"流程(变更管理)？		
是否有工作场所物质登记表的证据？		
是否需要危险物品清单？		
物质是否需要健康监测？		
是否有任何有毒物清单？		
MSDS 是否最新并且有相关性？是否容易找到？		
是否有 MSDS 审查流程？		
是否有隐患辨识、风险评估和控制的证据？这些资料是如何提供给相关人员的？是否有提供信息、培训和指导的证据？		
对于危险物品，是否有产品标识以及符合标准的证据？		
是否了解监管审查的周期性？		
是否已经评估与危险物品有关的设备？		
布告和标志是否合适？		
是否所有物质都加贴有适当的标签？		
是否所有储存和处理设施都提供有布告以及适当的安全标志？		
是否有标志审查流程？		
是否了解有害物质/危险物品之间的区别？		
是否以简单易理解的方式促进工作场所评估？		
风险控制措施是否到位？		
是否监控和审查风险控制措施？		
在收到货物时，是否有针对技术规范检查的证据？		
装卸人员、包装人员以及发运人员的责任是否相关？		
是否了解人工处理法规的合规性要求？		
是否有任务登记表的证据？		
是否有已经确定隐患人工处理任务的证据？		
是否有评估证据？		
如何向相关人员提供这些资料以便确定环境情况以及是否需要其它风险控制措施或许可？		
是否有提供信息、培训和指导的证据？		
是否有应用控制措施的证据？		

实用安全流程第 3 步续	是	否
是否监控和审查风险控制措施？		
是否有变更管理程序？		
是否了解受限空间法规的合规性要求？		
是否有受限空间登记表的证据？		
是否有评估受限空间的证据？		
是否所有空间都使用标志明确标识？		
是否有使用之前的工作安全分析证据？		
这些资料是如何提供给相关人员的？		
是否有提供信息、培训和指导的证据？		
是否有适当可用的救援和监控设备？		
空气监控设备是否经过适当校准？		
是否有受限空间许可使用的证据？		
是否有根据法规要求保留许可的证据？		
是否监控和审查风险控制措施？		
是否有变更管理程序？		
是否了解预防跌落法规的合规性要求？		
是否有相关任务登记表的证据？		
是否有评估证据？		
如何向相关人员提供这些资料以便确定环境情况以及是否需要其它风险控制措施或许可？		
是否有提供信息、培训和指导的证据？		
是否监控和审查风险控制措施？		
是否有变更管理程序？		
是否了解石棉法规的合规性要求？		
是否有确保符合石棉法规的体系？		
是否有石棉登记表？		
是否有石棉管理控制计划？		
是否已经采取评估？		
为了确定特定情景下的工作环境以及是否需要其它风险控制措施或许可，应如何向相关人员，包括承包商，提供这些资料？		
是否有提供信息、培训和指导的证据？		
是否监控和审查风险控制措施？		
是否所有标签都已清晰加贴？		
是否有变更管理程序？		
是否了解交通管理计划(设备安全辅助措施)？		
您是否按时间、距离或物理隔离来分隔人员？		
是否有可用的交通管理图纸？		
是否已经对移动设备或起重或吊挂设备开展评估？		
是否检查所有设备并保留记录？		
标志/标识是否适合？		

实用安全流程第 3 步续	是	否
是否有提供信息、培训和指导的证据？		
是否监控和审查风险控制措施？		
是否有变更管理程序？		
是否了解环境法规的合规性要求？		
是否有计划？是否有环境影响声明？		
环境废物如何处理？		
是否造成进入空气的排放物？		
是否造成对雨水/地下水的威胁？		
是否知道雨水排水沟在哪里？		
是否制定清洁规定？		
消防用水或清洁可以起到什么样的环境保护作用？		
是否有现场服务图纸？		
是否有变更管理程序？		
排放物的地点在哪？		
是否已经确定所有排放物？		
是否知道排放物的合规性要求？		
是否已经针对批准标准验证排放物？		
是否有排放许可？是否了解并监控排放条件并符合报告要求？		
通过什么地方将工业废水排放到下水道？		
是否已经确定所有工业废水的排放？		
与相关机构达成的工业废水协议是否包含所有排放类型、数量和排放点？		
回收系统是否经常维护并通过采样验证性能？		
. 是否符合许可的条件？		
是否知道当地相关机构的要求？		
是否知道当地相关机构的事故通报指南？是否知道联系方式以及可用的相关表格？		
存储的危险/有害物质数量是否需要当地相关机构的许可/登记？		
如果要求许可，是否存储的数量在规定限值范围内？		
是否符合许可报告要求的条件？		
如果要处理有害/危险物质，是否知道当地相关机构的要求并符合这些要求，包括使用经过批准的有害危险物品处理承包商？		
应急计划程序中是否包含有相关机构？		
现场是否可能会有任何形式的污染？		
是否已经开展全面调查，确定所有污染源？PCB、铅、油、溶剂、油漆等？		
是否有能够确保员工以及社区安全的控制计划？是否使用相应的控制措施等级，即消除、工程、程序、PPE 等？		
所有可能的污染区域是否均已调查，如雨水、地下水、土壤？		

实用安全流程第 3 步续	是	否
是否有治理害虫和有害物的体系？		
对于可能影响到健康的害虫和其它有害物，其控制措施是否已经到位？		
是否知道控制措施的类型和性质，包括适当的有害物质评估？		
是否有适当的应用控制计划(最低要求方法)？		
是否有管理现场卫生要求的体系？		
是否有保持卫生的安排？		
是否有日常检查？		
使用的化学品是否已经呈报并执行评估？		
存储安排是否适当？		
是否有处置血源性病原体的体系？采血针？		
是否了解噪声法规的合规性要求？		
在工厂设备中是否难以听到别的声音？		
是否有噪声流程？		
是否有噪声图？		
是否监控和审查风险控制措施？		
是否拥有变更管理程序？		
您公司是否有任何违法行为的证据？		
是否有任何起诉或 PIN 通知(是否已解决)？		

实用安全流程第 4 步	是	否
确保安全的实际工作环境		
是否有一份位置图，显示工作场所物质的存储、主要服务隔离、防火设备、出入口以及主要通道的位置？		
是否执行应急管理安排？ 您是否了解以下各要素： • 预防 • 准备 • 响应 • 恢复		
是否有任何消防队干预的正式法规要求或根据危险物品、主要隐患或任何其它法律规定的书面建议？		
是否有危险物品的图纸(与清单相联系)？		
是否有固定的防火图纸？		
是否有并记录所有应急计划设想？		
是否根据建筑规范的要求考虑防火问题？		
是否有业务恢复计划？		
是否有安全敏感性资产或化学品？		

实用安全流程第 4 步续	是	否
是否制定有安全标准操作和响应程序?		
是否有任何应急控制机构?		
是否有任何应急计划委员会?		
是否针对暴露情况制定有正式的应急响应程序?		
是否为看护人提供培训?		
是否充分告知访客应急管理安排?		
应急管理安排是否从属于变更管理程序?		
这些流程是否日常实践?		
是否监控基本服务要求?		
是否有急救规定		
是否培训有急救人员?		
是否有确定标志要求的流程?		
是否有足够的安全安排?		
是否有设备安装计划?		
设备隐患辨识和风险评估是否是与员工协商开展?		
控制措施等级是否适用于机器或者是否还有更高等级的控制措施?		
是否有足够的机器防护?		
是否有监控和维护安全装置的体系?		
是否有维护设备的体系?		
是否有安全管理移动设备的体系?		
照明是否充足且得到适当维护?		
是否了解并管理电磁辐射?		
是否已经确定所有起重设备并规定载重限值?		
是否维护这些设备?		
这些设备是否都加贴有适当的标签?		
是否有为残障人士提供的通道?		
内部办公室环境是否得到控制和监控?		
是否有适当的交通管理计划?		
是否知道电子控制系统的冗余?		
应急制动是否真的是应急制动还是控制制动?		
电子安全电路是否能够设旁路,即程序与硬接线?		
是否利用视觉刺激来促进安全?例如:		
墙壁颜色		
涂漆的走道		
布告		
标志		
电子标牌		

实用安全流程第 4 步续	是	否
流程图显示器		
防反射板		
区域安全板等		
是否有适当的废料处理体系？		
回收是否构成该体系的组成部分？		
是否已经设定并监控内务管理标准？		
是否已经测量噪声级？		
是否已经考虑噪声抑制措施？		
是否已经检测空气质量？		
是否有改善空气质量的体系？		
温度是否存在问题？		
为了控制温度，已经采取了哪些措施？		
高温区是否已经考虑穿冷却防护衣？		
是否有可用的饮用水设施？		
这些设施是否足够？		
员工便利设施是否足够满足人员数量的要求？		
这些设施是否保持在高水平？		
是否考虑使用设备？		
所有服务是否都制定有隔离计划？		
是否有任何双面进料的系统？		
为了解决这些问题，已经使用了哪些安全装置？		
隔离计划是否有明确的书面文件并包含在应急计划中？		
所有设备是否提供有设备隔离计划？		
它们是否构成员工培训的组成部分？		
所有建筑物的结构是否可靠？		
它们是否全都符合当前的建筑物标准？		
是否有储存工作场所物质的系统？		
是否考虑了合规性要求？		
是否考虑了应急要求？例如眼睛清洗、淋浴等。		

实用安全流程第 5 步	是	否
制定安全工作制度		
基本业务流程是否已经确定？		
是否有对增值流程的认识？		
是否已经确定非价值增加流程？		
是否已经知道流程的 BSAFA™ 要求？		

实用安全流程第 **5** 步续	是	否
人员在第一次开始工作之前是否接受过培训？		
所有工作是否都规定有能力要求？		
招募流程是否符合这些要求？		
是否有引导和同化培训体系？		
它们是否处理企业、现场以及特定工作区域？		
这些系统是否扩大到承包商和访客？		
是否有记录全脑型工作说明的体系？全脑型工作是指既需要形象思维又需要逻辑思维的工作？		
是否有管理特别工作情况的体系？		
是否执行工作安全分析？		
是否执行工作人员分析？		
是否有工作许可体系？		
是否有管理电气工作的体系？		
是否有管理手提式工具的体系？		
是否有材料管理流程？		
是否有工作场所物质管理流程？		
使用工作场所物质的人员是否接受过适当的培训？		
是否有确保提供适当标志和标签的体系？		
是否包含设施、存储以及产品标签(包括倾析材料容器)		
对于需要运输的有害物质和危险物品，是否按照法律要求提供适当的控制措施？		
是否有并执行应急安排，包括泄漏控制流程、洗眼器等？		
是否有办公室安全流程？		
是否有吸烟、药物滥用和饮酒管理流程？		
是否有产品设计流程？		
公司产品/服务是否已经执行潜在隐患评估？		
是否有必要向这些产品/服务的接受者提供关于隐患以及风险控制措施的适当资料？		
是否有项目管理流程？		
这个流程是否处理从设计、招投标、制造、供应、安装以及移交运行各个阶段的问题？		
是否包括以下方面从设计到制造到安装到调试到运行的资料传递：隐患分析、技术标准、通知和验证、制造、安装和运行、设备保障、培训、退役？		
是否有采购流程？		

实用安全流程第 5 步续	是	否
供应商和承包商的选择是否包含评估其安全管理体系？是否包含对过往绩效的评估？		
合同是否包含特定的安全及合规性义务，这些义务的程度应取决于已确定的隐患和风险？		
在购买、租赁可能影响到人员健康安全的设备和材料之前，是否规定这些设备和材料的安全要求以及这些要求是否符合已经确认的规范？		
为了保持并控制维护用的耗材和替换件的质量，是否制定相应体系确保不会对安全产生反作用？		
采购流程是否处理工作场所物质的特殊要求？即质量、存储以及资料和指导？		
是否有保留 MSDS 表的体系？		
采购协议中是否包含在第一次采购之前提供 MSDS 的规定以及确保 MSDS 具有持续订购的通用性体系？		
是否有运输流程？		
是否有远程办公流程？		
是否有旅行安全流程？		
该流程是否解决免疫、旅行警告以及健康保险问题？		
是否有管理收购和业务剥离的流程？		
就安全方面，所有人员的职责和权力是否已经在责任图中确定、记录并可理解？		
所有人员是否明白他们有权力干预/阻止他们认为不安全的任何行为/条件？		
是否有有效的主动措施促进并鼓励健康的生活方式以及改善员工的总体健康水平？		
是否有适当的公司政策，授权以及相关政策？		
这些政策是否明确规定所有人员的职责和承诺？		
政策是否得到适当沟通？		
员工是否了解这些政策？		
是否有监管合规性声明？		
政策中是否说明企业中的总体风险管理环境？		
它们是否有与员工协商的声明？(特别是 OH&S)		
政策是否考虑到骚扰问题？		
是否有康复和返回工作政策？		
政策是否考虑到机会均等问题？		
是否有任何安全或环境体系通过认证？		
是否需要通过认证？		

实用安全流程第 **5** 步续	是	否
安全管理团队的结构是否合理、是否积极主动并接受过培训？		
是否有书面章程让安全委员会正式化？		
是否有正式的议程和会议记录？		
是否有 LTI 伤害频率统计的证据？		
是否有记录所有伤害的证据？		
是否有议程项目如何影响会议的证据？		
是否有如何解决问题的证据？		
是否有委员会支持行动的证据，例如合规性项目？		
是否有会议决策和会议记录流通方式以及向谁流通的证据？		
是否有选举成员的证据？		
雇主/员工代表之间是否存在平衡？		
与员工以及健康安全代表开展的协商是否涉及到所有受影响的人员？		
是否有变更管理程序，该程序包含增加、修改和删减设备和物质以及工作制度的协商要求？		
是否召开工具箱会议和工作场所沟通会议？		
是否有工具箱讨论以及频率的证据？查找记录		
安全问题是否得到适当解决？		
是否有安全问题解决程序？		
是否包括风险评估过程，可以确定特殊性、排除一般性？		
是否有观察、建议和管理行动的正式证据？(如有必要)		
是否了解 PIN 的发放？		
是否对大小承包商都有完整的控制措施？		
承包商的选择、指导和培训是否适当？		
是否有承包商正式选择、资质审查以及指导的书面证据？		
是否有提供资料、培训和指导的证据，特别是隐患辨识、风险评估和风险控制：- 设备安全 有害物质 受限空间 人工处理 跌落 噪声等		
是否需要从承包商那获得安全管理体系的证明？		
是否要求他们提供保险和责任资料？		
维护/工程以及基本工程的管理是否有效？		

实用安全流程第 5 步续	是	否
体系能否在设备安全法规下识别获得认可的设备？		
变更管理程序是否与任何"可维护"资产登记表有联系？		
是否有适当的工作请求和授权体系的证据？		
是否计划去优化资源要求？ 业务/时间/零件/工具/成本		
是否按时按生产参数执行维护程序？		
是否协调维护和生产的关系？		
在一个流程中，你能否识别分离的定期维护要求？		
基本工程是否受到工作管理体系的控制？		
是否经常有生产和维护方面的积压报告？(未决事项)		
报告是否按例外情况分类，如错过到期日/优先？		
工作管理体系是否能够重新安排？		
变更管理程序是否与工作管理体系有联系？		
是否有设备情况清单的证据，如：叉车、移动设备、泵？		
是否有正式的工序系统？		
是否有正式的工作优先级系统(如安全/工序)？		
是否记录有维护历史？		
是否有用于工作步骤计划的高度组织化工作安全分析流程？		
是否所有承包商都使用工作安全分析？		
工作安全分析流程是否触发针对在工作步骤时辨识的隐患许可？例如：电气、受限空间、挖掘、高度、电力线(上下)(或者它们是如何产生的？)		
是否有取消需求的程序？		
是否有按照法规要求存档许可的程序，如受限空间？		
是否有书面的工作程序和说明？		

实用安全流程第 6 步	是	否
评估能力		
是否已为所有工作确定绩效模型？且是否包含：		
职位描述？		
先决的 BSAFA^{TM} 要求？		
流程绩效要求，包括 BSAFA^{TM}、流程步骤、参考 SOP、能力、绩效指标和差异控制？		

实用安全流程第 6 步 续	是	否
口头、书面或经论证的评估标准?		
评估标准是否包含核心能力以及应用能力,比如与产品有关的能力?		
是否包括法律要求的培训?		
安全是否构成评估的组成部分?		
主管是否接受过评估能力的适当培训?		
是否有可用的能力矩阵?		
选择流程是否符合绩效模型?		
是否保存记录?		

实用安全流程第 7 步	是	否
监控和审查绩效		
是否有安全衡量和报告体系?		
体系中是否同时包含主动衡量指标和反应性衡量指标?		
是否分析资料并报告给管理层和员工等各级人员?		
是否有安全审计流程?		
是否开展计划和预先安排的检查?		
是否开展计划和预先安排的工作场所检查? (除预先安排的维护外)		
是否有现场条件检查(每月)的证据?		
是否有基本服务检查清单和频率的证据? (消防设备和辅助设施)		
是否有内务检查的证据?		
是否有急救装置检查的证据?		
是否有监控和风险控制审查计划,特备是风险控制审查?		
如果暴露情况已确定,是否有提出观察、建议和行动的正式证据?		
是否使用"新眼睛"方法?		
人员是否了解如何执行检查工作?		
视觉系统是否处于明显位置用于设定标准?		
是否使用视觉绩效反馈系统?		
是否执行安全观察?		
是否要求健康监控?		
是否有康复流程?		
是否有受过培训的 RTW 协调员?		

实用安全流程第 7 步续	是	否
是否有事故和侥幸脱险事故调查和报告程序(内部和外部)?		
是否已经确定工作场所中的所有事故/侥幸脱险事故和隐患?		
是否有隐患报告系统?		
人们是否知道如何使用该系统?		
是否能够将事故以及答复迅速报告给发起人?		
是否有一个调查程序以及将调查结果与涉及人员沟通的流程(跟谁沟通、怎么沟通)?		
是否了解监管的报告要求(我们是否知道受到监管的侥幸脱险事故或事故有哪些?)		
是否有能够快速按标准报告事故和侥幸脱险事故的文件?		
是否有需要通报的任何事故?		
您是否知道在现场如何保护和控制事故?		
您是否记录了所有需要审查的损失工时伤害、医疗救治伤害以及急救伤害?		
您是否记录了安全和不安全的行为?		
您是否记录了计划的审核\观察活动与开展的审核\观察活动?		
您是否设定了工作场所中时间百分比的管理目标?		
是否有适当的纠正措施体系?		
是否有变更管理体系?		
是否有适当的机制用来沟通变更的影响以及对安全产生潜在/实际影响?		
是否有安全认可体系用于奖励主动衡量指标?		
是否有记录管理体系?		
是否有适当的绩效管理体系?		
管理层和员工是否参与进管理系统审查流程,即审核、观察?		
是否有适当的体系与所有员工分享安全统计?员工是否理解统计结果?		
是否有让员工有机会报告安全问题的机制?		
是否设有适当的讨论会,允许在制定、执行和审查安全计划和程序的所有人员持续参与和协商?比如,安全委员会?		
是否有适当的体系确保符合法定和企业绩效要求?		

实用安全流程第 7 步续	是	否
是否有适当的体系确保维护可能对安全产生潜在影响的设备？可以包括设备的检查、测试和校准。		
此类测试的频率是否与设备相关的相应风险级别以及相应法律要求相符合？		
是否存在适当的体系定期审查工作实践，确保相关性、适当性以及通用性？		
是否监控承包商和供应商的安全绩效？		
是否了解安全成本，即结果成本与主动成本？		

5. 参考文献

1. Standards Australia, "AS/NZS 4801:2001 Occupational Health and Safety Management Systems-Specifications With Guidance For Use", Sydney, 2001
2. British Standards Institution, "Occupational Health and Safety Management Systems Specification-OHSAS18001"London, 1999
3. Worksafe Victoria, "SafetyMAP", Melbourne, 2002
4. Thomas R. Krause, " Leading with Safety", John Wiley and Sons, Inc, Hoboken, 2005
5. Thomas R. Krause, "The Behaviour Based Safety Process: Managing Involvement for and Injury Free Culture, 2nd Edition", John Wiley and Sons, Inc, New York, 1997.
6. E.Scott Geller, "The Physchology of Safety Handbook", CRC Press LLC, Boca Raton 2001
7. John Ledwith, "Organizational Strategic Development Model", http://members.aol.com/jledwith/sm-mdl.htm, 1997
8. Paul Gustavson, Organization Planning and Design, Inc, "Organizational Systems Design Workbook", 1996
9. Robert Kaplan & David Norton, "The Balanced Scorecard," Harvard Business School Press, 1996
10. W Herbertson, "The Application of a Balanced Scorecard," QUALCOM, 2003
11. W Herbertson, "The Application of a Balanced Scorecard," QUALCOM, 2003
12. W Herbertson, "The Application of a Balanced Scorecard," QUALCOM, 2003
13. © jupiterimages 2008
14. International Organization for Standardisation (ISO), "Quality Management Systems-Requirements ISO9000" 2000
15. Paul Gustavson, Organization Planning and Design, Inc, "Organizational Systems Design Workbook", 1996
16. © jupiterimages 2008

17. Standards Australia/Standards New Zealand, "AS/NZS 4801:2001 Occupational Health and Safety Management Systems——Specifications with guidance for use", Sydney, Australia 2001.

18. WorkSafe Victoria, "Plant Hazard Checklist", Melbourne, Australia, 2003. http://www.worksafe.vic.gov.au

19. © jupiterimages 2008

20. Standards Australia, "AS/NZS 4360: Risk Management" Sydney, Australia 2004

21. © jupiterimages 2008

22. E. Scott Geller, "Working safe: How to Help People Actively Care for Health and safety, Second Edition", CRC Press LLC, Boca Raton 2001

23. Thomas R. Krause, "Leading with Safety", John Wiley and Sons, Inc, Hoboken, 2005

24. Thomas R. Krause, "The Behaviour Based Safety Process: Managing Involvement for and Injury Free Culture, 2nd Edition", John Wiley and Sons, Inc, New York, 1997.

25. Reproduced with permission from Talsico International. Extracted from www.Talsico.com example Talsico ® Process Picture Maps™

26. Paul Gustavson, Organization Planning and Design, Inc, "Organizational Systems Design Workbook", 1996

27. Bird F E, *Management guide to Loss Control*", Institute Press, Atlanta, Georgia, USA, 1974.

28. E.I. du Pont de Nemours and Company, , "Managing Safety: Techniques that Work For Line Supervisors Edition 1", Wilmington, Delaware. 1995

29. Stewart Liff & P.A.Posey, "Seeing Is Believing: How the New Art of Visual Management Can Boost Performance Throughout Your Organization", AMACOM, A Division of the American Management Association, New York: 2004

30. Reproduced with permission from APEX Plastics Extrusions Pty Ltd, Melbourne 2008.

6. 主题索引

7. 资源中心

以下资料属资源描述，可在 **www.practicalsafety.com**.cn 获得，是为适合实用安全流程中 7 个步骤计划而设计的。本网站提供非常珍贵的工作场所资料、培训指南、模型评估、有用链接以及逐步了解程序，连同让用户帮助用户实现零伤害目标的必要媒介。

标准操作程序

- 观察、建议和行动(ORA)的使用、隐患辨识摘要、风险评估和风险控制
- 变更管理
- 预防工作场所中噪音引起听力损伤
- 指导和同化
- 工作场所沟通和工具箱会议
- 承包商选择
- 工作计划和进度安排
- 工作请求、登记和授权
- 工作安全分析(JSA)的使用
- 工作人员分析(JPA)的使用
- 设备锁定和标定
- 前端装载机可服务性
- 挖掘机/山猫装载机可服务性
- 车辆可服务性
- 叉车安全操作
- 起落、吊装和指挥
- 静态带的使用和处理
- 组织设计
- 隐患人工处理任务管理

- 非 3 类可燃性液体的化学储存和处理设施的安装/恢复指南
- 可燃性和易燃性 1-5 类储罐
- 事故/侥幸脱险事故调查和报告
- 设备安全管理
- 设备退役、拆卸和处置
- 工作场所物质管理
- 危险物品公路运输
- 柴油处理(C1 级可燃物)
- 受限空间管理
- 预防从高处跌落
- 管理工作场所的现场石棉
- 交通管理计划
- 环境管理
- 问题解决
- 康复
- 图纸标准和要求
- 应急管理计划
- 绩效

培训手册

- 工作场所物质管理的实用安全指南
- 设备安全管理的实用安全指南——项目经理手册
- 设备安全管理的实用安全指南——团队领导手册
- 应急管理的实用安全指南

流程图

- 安全愿景流程 ☐
- 安全价值观和原则流程 ☐
- 安全目标 ☐
- 观察、建议和行动角色 ☐
- 变更管理 ☐
- 承包商选择 ☐
- 起落、吊装和指挥 ☐
- 工作安全分析原则和工作说明 ☐
- 危险物品/有害物质 ☐
- 物质采购 ☐
- 受限空间 ☐
- 管理工作场所的现场石棉 ☐
- 问题解决 ☐
- 开发绩效模型和评估能力水平 ☐

- 安全规划流程 ☐
- 安全职责和权限流程 ☐
- BSAFA™ 确定过程 ☐
- 工作场所沟通和工具箱会议 ☐
- 指导和同化 ☐
- 工程和维护控制 ☐
- 应急管理 ☐
- 设备安全管理——项目经理 ☐
- 安装和运行的设备——雇主 ☐
- 人工处理 ☐
- 预防跌落 ☐
- 交通管理 ☐
- 环境管理 ☐

支持清单和资源媒介

关键表格

- 观察、建议和行动 ☐
- 风险评级指南 ☐
- 隐患和控制措施摘要 ☐
- 风险控制审查 ☐
- 工作安全分析(JSA) ☐
- 工作人员分析(JPA) ☐

组织设计

- 安全体系元素比较 ☐
- 确定 BSAFA™ ☐
- BSAFA™ 一致性选择表 ☐
- BSAFA™ 设计选择表 ☐
- 设计选择行动摘要 ☐
- 计分卡 ☐
- 合规性差距分析 ☐
- 职责图 ☐
- 差异图 Excel 模板 ☐

政策

- 健康安全 ☐
- 环境 ☐
- 应急管理 ☐
- 性骚扰 ☐
- 药物和酒精 ☐
- 康复 ☐

引导和同化

- 指导指南 ☐
- 访客引导指南 ☐
- 调查问卷 ☐
- 引导声明 ☐
- 员工引导登记表 ☐
- 员工培训登记表 ☐

承包商选择

- 利益/RFT 声明说明 ☐
- 承包商引导登记表 ☐
- 承包商选择 ☐
- 承包商评估指南 ☐
- 标准信函——承包商选择 ☐
- 承包商管理体系清单 ☐

支持清单和资源媒介

健康安全委员会模式

- 健康安全委员会章程
- 健康安全委员会议程
- 健康安全委员会会议记录
- 会议——效率指导

工作场所沟通

- 工作场所沟通和会议记录
- 工作场所出勤记录

工程和维护控制

- 简单工作请求登记表
- 工序
- 工作安全分析(JSA)表
- 工作人员分析(JPA)表
- 工作安全分析指引和示例
- 人员标签/失效标签
- 隔离系统清单
- 挖掘机可服务性清单
- 前端装载机可服务性清单
- Bobcat 可服务性清单
- 车辆可服务性清单
- 叉车可服务性清单
- 起重机操作前检查清单
- 起重吊索登记表
- 检查清单——扁平人造合成吊货网边绳
- 检查清单——链式吊索
- 检查清单——钢丝绳吊索
- 3 级储罐检查清单
- 高温作业许可

应急管理计划

- 应急管理计划清单
- 响应程序模板
- 应急资料册模板
- 业务恢复计划模板
- 记忆辅助
- 疏散演习和情景示例

应急管理计划 续

- 内部事故/侥幸脱险事故调查报告
- 安全事故和调查报告
- 事故日志
- 述职报告
- 基本服务清单
- 恶劣沟通——电话清单
- ECO 模型示例
- 危险物品清单模板

事故报告和记录

- 工作场所事故和隐患事故通知和表格
- 事故报告——消防队
- 事故日志
- 安全事故和调查报告
- 内部事故/侥幸脱险事故调查报告
- 事故日志
- 述职报告

设备安全

- 责任和义务的详细描述
- 设备安全管理系统清单

项目经理

- 隐患和风险声明
- 一般利益声明说明
- 情况说明函——工厂和设备供应商
- 设备识别和安全数据
- 隐患指导表
- 设备登记表
- 法规和标准登记表
- 设备通知和登记记录
- 操作员能力清单

雇主

- 设备登记表
- 设备通知和登记记录
- 员工证明登记表
- 法规和标准登记表

支持清单和资源媒介

设备安全——雇主续

- 隐患指导表
- 设备隐患清单
- 其它暴露情况 —操作环境
  —脚手架
  —退役
  —未使用设备
  —机动设备

危险物品/有害物质

- 管理系统清单
- 工作场所物质工作表
- 工作场所物质登记表
- 危险物品登记表
- 危险物品清单
- 内部通知
- 给化学品供应商的标准信函
- 标准标签
- 根据 AS/NZS 的验证清单
- MSDS 审查
- 工作场所评估表
- 产品标识和隐患问题——危险物品
- 采购申请和表格
- 示例标签

人工处理

- 人工处理任务登记表
- 风险评估和控制措施表

受限空间

- 受限空间登记表
- 受限空间确定清单
- 受限空间管理摘要
- 受限空间评估
- 受限空间进入许可
- 受限空间进/出登记表
- 受限空间空气监测记录

检查清单

- □ 现场条件清单 □
- □ 基本服务清单 □
- □ 内务管理清单 □
- □ 急救清单 □
- □ 标志审查 □
- □ 电气隐患清单 □
- □ 办公监控清单 □
- 非现场工作安全清单 □

石棉

- □ 含石棉物料 ID 表 □
- □ 含石棉物料风险评估和控制摘要 □
- □ 含石棉物料登记表 □
- □ 含石棉物料的标志和标签 □
- □ 含石棉物料风险控制审查 □

□ 交通管理

- □ 交通管理安全概述 □
- □ 交通管理系统基本审计 □
- □ 典型标志清单 □
- □ 典型卡车装载安全说明 □
- □ 典型卡车管理图例 □
- □ 示例观察、建议和行动 □
- □ 典型交通管理图纸 □

□ 环境管理

- 环境政策 □
- □ 环境管理清单 □
- □ 环境管理认证摘要 □

噪声

- □ 噪声隐患辨识清单 □

□ 预防从高处跌落

- □ 指导清单 □
- □ 预防跌落登记表 □
- □ 跌落隐患评估和风险控制摘要 □
- □ 单一工作任务跌落隐患评估和风险控制摘要 □
- □

订书单

	网站订单:	www.practicalsafety.com.cn
	电邮订单:	orders@practicalsafety.com.au
	传真订单:	+ 61 3 9793 2077. Send this form.
	邮寄订单:	Practical Safety International Pty Ltd PO Box 414 Salamander Bay, NSW 2317, Australia 澳大利亚 所附支票/汇票抬头请写 'Practical Safety International Pty Ltd'

请寄给我＿＿＿＿＿＿＿＿＿＿＿份《零伤害实用安全指南》

@ $A 49.50 $A ＿＿＿＿＿＿＿

+ 邮费和手续费 $A ＿＿＿＿＿＿＿

                                       $A ＿＿＿＿＿＿＿

标准邮费约数

澳大利亚标准邮费   - $A 9.95 第一册，一册以上者，价格另议

国际标准邮费   - $A 15.95 第一册，一册以上者，价格另议

                      - 散装海运可享受折扣

注意：邮费和手续费仅为约数，若有变化，恕不另行通知。

姓名: ＿＿＿＿＿＿＿＿＿＿＿＿＿＿＿＿＿＿＿＿＿＿＿＿＿

公司: ＿＿＿＿＿＿＿＿＿＿＿＿＿＿＿＿＿＿＿＿＿＿＿＿＿

地址: ＿＿＿＿＿＿＿＿＿＿＿＿＿＿＿＿＿＿＿＿＿＿＿＿＿

＿＿＿＿＿＿＿＿＿＿＿＿＿＿＿＿＿＿＿＿＿＿＿＿＿

＿＿＿＿＿＿＿＿＿＿＿＿＿＿＿＿＿ 邮编: ＿＿＿＿＿＿＿

电话: ＿＿＿＿＿＿＿＿＿＿＿＿＿＿＿＿＿＿＿＿＿＿＿＿＿

电邮: ＿＿＿＿＿＿＿＿＿＿＿＿＿＿＿＿＿＿＿＿＿＿＿＿＿

请向本人信用卡收取费用，资料如下

有效期: ☐☐ / ☐☐   金额 $A ＿＿＿＿＿＿＿

卡上姓名: ＿＿＿＿＿＿＿＿＿＿＿＿＿＿＿＿＿＿＿＿＿＿

签名: ＿＿＿＿＿＿＿＿＿＿＿＿＿＿＿＿＿＿＿＿＿＿＿＿

日期: ＿＿＿＿＿＿＿＿＿＿＿＿＿＿＿＿＿＿＿＿＿＿＿＿

信用卡类型(x)   ☐ **MasterCard**   ☐ **Visa**

前往……

practicalsafety.com.cn

订书单

网站订单:	www.practicalsafety.com.cn	
电邮订单:	orders@practicalsafety.com.au	
传真订单:	+ 61 3 9793 2077. Send this form.	
邮寄订单:	Practical Safety International Pty Ltd PO Box 414 Salamander Bay, NSW 2317, Australia 澳大利亚 所附支票/汇票抬头请写 'Practical Safety International Pty Ltd'	

请寄给我_____份《零伤害实用安全指南》
@ $A 49.50 $A
+ 邮费和手续费 $A
                                                          $A

标准邮费约数

澳大利亚标准邮费   - $A 9.95 第一册，一册以上者，价格另议
国际标准邮费   - $A 15.95 第一册，一册以上者，价格另议
                                 - 散装海运可享受折扣

注意：邮费和手续费仅为约数，若有变化，恕不另行通知。

姓名: _____
公司: _____
地址: _____

_____ 邮编: _____

电话: _____
电邮: _____

请向本人信用卡收取费用，资料如下

有效期: [ ][ ] / [ ][ ]   金额 | $A _____

卡上姓名: _____

签名: _____

日期: _____

信用卡类型(x)   ☐ **MasterCard**   ☐ **Visa**

前往......

practicalsafety.com.cn

订书单

网站订单:		www.practicalsafety.com.cn
电邮订单:		orders@practicalsafety.com.au
传真订单:		+ 61 3 9793 2077. Send this form.
邮寄订单:		Practical Safety International Pty Ltd PO Box 414 Salamander Bay, NSW 2317, Australia 澳大利亚 所附支票/汇票抬头请写 'Practical Safety International Pty Ltd'

请寄给我_____份《零伤害实用安全指南》

@ $A 49.50 $A

+ 邮费和手续费 $A

$A

标准邮费约数

澳大利亚标准邮费 - $A 9.95 第一册，一册以上者，价格另议

国际标准邮费 - $A 15.95 第一册，一册以上者，价格另议

- 散装海运可享受折扣

注意：邮费和手续费仅为约数，若有变化，恕不另行通知。

姓名: _____

公司: _____

地址: _____

_____

_____ 邮编: _____

电话: _____

电邮: _____

请向本人信用卡收取费用，资料如下

有效期: ☐☐ / ☐☐   金额 $A _____

卡上姓名: _____

签名: _____

日期: _____

信用卡类型(x)   ☐ **MasterCard**   ☐ **Visa**

我之所以编写本书，主要是因为我希望能够在安全方面发挥作用、产生影响；这种想法早在好友因工去世时就已产生。我希望与各位共享自己在制造业、采矿业、精炼业 20 多年工作中所学到的知识，这样您不仅能读到信息，而且还能把这些信息运用在工作场所。我对处理日常事务的实用性非常了解。今天，我会针对安全这一核心问题的解决继续努力。

您会发现，本书不只是安全书籍，因为安全不能光靠读书就能实现，本书讲述的是业务的整个开展模式，这种模式对实现零伤害目标至关重要。您从本书中读到的资料，是本人取自实践、行之有效的经验。我希望本书能帮助您实现零伤害，为您的企业增添价值。

Wayne Herbertson

维恩·贺博森

维恩•贺博森(Wayne Herbertson)，教育背景丰富，持有实用科学冶金专业硕士学位、科学多学科专业学士学位、安全专业文凭等；此外，他行业工作经验丰富，在布兰肯(Bradken)、必和必拓(BHP)、Tubemakers、西门子、庄信万丰 (Johnson, Matthey)、科马尔克 (Comalco)、Peko Wallsend 等公司都工作过，积累了广博的知识和丰富的经验。他发表过多篇文章，内容涉及广泛，其中包括质量管理系统、业务计分卡、环境、安全领导才能等。他目前担任布兰肯资源有限公司人力资源执行总经理。

"爱邻如爱己，
爱不伤人"

www.ingramcontent.com/pod-product-compliance
Lightning Source LLC
Chambersburg PA
CBHW060842170526
45158CB00001B/219